基于内容的
商标图像检索研究

孙强强 著

重庆大学出版社

图书在版编目（CIP）数据

基于内容的商标图像检索研究／孙强强著. -- 重庆：
重庆大学出版社，2021.8
ISBN 978-7-5689-2915-8

Ⅰ.①基… Ⅱ.①孙… Ⅲ.①商标—图像识别 Ⅳ.
①F760.5

中国版本图书馆 CIP 数据核字(2021)第 161916 号

基于内容的商标图像检索研究

孙强强 著

策划编辑:鲁 黎
特约编辑:何俊峰
责任编辑:李桂英 版式设计:鲁 黎
责任校对:黄菊香 责任印制:张 策

*

重庆大学出版社出版发行
出版人:饶帮华
社址:重庆市沙坪坝区大学城西路 21 号
邮编:401331
电话:(023)88617190 88617185(中小学)
传真:(023)88617186 88617166
网址:http://www.cqup.com.cn
邮箱:fxk@cqup.com.cn(营销中心)
全国新华书店经销
POD:重庆俊蒲印务有限公司

*

开本:787mm×1092mm 1/16 印张:5.75 字数:92 千
2021 年 8 月第 1 版 2021 年 8 月第 1 次印刷
ISBN 978-7-5689-2915-8 定价:38.00 元

前　言

随着多媒体技术的发展和视觉信息的飞速传递,迫切需要对视觉信息资源进行有效管理,并加强检索手段。由此,基于内容的图像检索技术得到了越来越多的重视,也成为多媒体信息检索和图像处理领域中的重要研究方向。

基于内容的图像检索,就是根据描述图像内容的特征矢量进行相似性检索,其中,图像内容的提取可以是通用的,也可以是基于特定领域的。随着市场经济的发展,商标在社会生活中扮演着越来越重要的角色,而基于内容的图像检索技术在商标检索领域得到了非常广泛的应用。本书对基于内容的商标图像检索技术做了广泛和深入的研究,介绍了其研究现状和关键技术,讨论了其技术瓶颈和发展趋势;分析了基于内容图像检索技术在商标图像检索领域里的应用需求,主要提出了三种新的商标图像检索方法。经过实验证明,这些方法具有良好的旋转、平移、尺度不变性,得到的检索结果能够很好地满足人们的视觉感受。

首先,本书提出了基于距离分布信息熵的商标图像检索方法,采用基于目标像素外接圆的方法提取图像目标区域,采用同心圆的方法对目标区域进行划分,得到一系列子图像并提取其信息熵,对距离分布信息熵进行归一化。

其次,本书提出了基于归一化单元转动惯量特征的商标图像检索方法,将商标图像划分为若干单元子图像,再分别提取各个单元子图像的归一化转动惯量不变特征。

最后,本书提出了基于区域方向信息熵的商标图像检索方法。根据图像的形状主方向对图像进行旋转,并对旋转后的图像提取目标区域,将图像的目标区域沿圆周方向划分为若干个子区域并统计各个子区域的信息熵。

实验表明,基于距离分布信息熵的商标图像检索方法优于基于距离分布直方图和基于单元信息熵的检索方法,基于归一化单元转动惯量特征的商标图像检索方法和基于区域方向信息熵的商标图像检索方法取得了令人满意的效果。

　　本书所提的三种商标图像检索方法,在基于视觉一致性的评价下很难分出优劣,其检索结果的风格各不相同,可以在基于多特征融合的检索系统中供用户选择。

　　由于作者水平有限,书中难免存在一些不妥之处,敬请读者指正。

著　者

2020 年 10 月

目　录

第 1 章　绪论 ……………………………………………………………………… 1

1.1　研究背景和意义 …………………………………………………………… 1

1.2　基于内容的多媒体检索 …………………………………………………… 2

　　1.2.1　多媒体内容分析 ………………………………………………………… 3

　　1.2.2　多媒体内容描述接口 MPEG-7 ……………………………………… 4

　　1.2.3　多媒体框架标准 MPEG-21 …………………………………………… 7

1.3　基于内容的图像检索 ……………………………………………………… 8

　　1.3.1　图像检索的基本框架 …………………………………………………… 9

　　1.3.2　图像检索的应用领域 ………………………………………………… 10

　　1.3.3　图像检索的主要方式 ………………………………………………… 10

1.4　基于内容的商标图像检索 ……………………………………………… 11

　　1.4.1　国内外研究现状 ……………………………………………………… 13

　　1.4.2　传统的商标查询方法 ………………………………………………… 15

　　1.4.3　著名的商标图像检索系统介绍 ……………………………………… 16

1.5　本章小结 ………………………………………………………………… 22

第 2 章　基于内容的图像检索相关技术研究 …………………………… 24

2.1　商标图像的预处理 ……………………………………………………… 25

　　2.1.1　图像的滤波处理 ……………………………………………………… 25

　　2.1.2　彩色图像灰度化 ……………………………………………………… 26

2.1.3 灰度图像二值化 ⋯⋯⋯⋯⋯⋯⋯⋯ 26

2.1.4 尺度归一化 ⋯⋯⋯⋯⋯⋯⋯⋯⋯⋯ 27

2.2 CBIR 中常用的图像特征 ⋯⋯⋯⋯⋯⋯⋯ 27

2.3 颜色特征 ⋯⋯⋯⋯⋯⋯⋯⋯⋯⋯⋯⋯⋯ 27

2.3.1 颜色直方图 ⋯⋯⋯⋯⋯⋯⋯⋯⋯⋯ 28

2.3.2 颜色聚合矢量 ⋯⋯⋯⋯⋯⋯⋯⋯⋯ 28

2.3.3 颜色矩 ⋯⋯⋯⋯⋯⋯⋯⋯⋯⋯⋯⋯ 29

2.4 纹理特征 ⋯⋯⋯⋯⋯⋯⋯⋯⋯⋯⋯⋯⋯ 29

2.4.1 传统的统计方法 ⋯⋯⋯⋯⋯⋯⋯⋯ 30

2.4.2 几何方法 ⋯⋯⋯⋯⋯⋯⋯⋯⋯⋯⋯ 30

2.4.3 基于模型的方法 ⋯⋯⋯⋯⋯⋯⋯⋯ 30

2.5 轮廓特征 ⋯⋯⋯⋯⋯⋯⋯⋯⋯⋯⋯⋯⋯ 31

2.6 形状特征 ⋯⋯⋯⋯⋯⋯⋯⋯⋯⋯⋯⋯⋯ 31

2.6.1 边界表达 ⋯⋯⋯⋯⋯⋯⋯⋯⋯⋯⋯ 32

2.6.2 边界描述 ⋯⋯⋯⋯⋯⋯⋯⋯⋯⋯⋯ 33

2.6.3 区域表达 ⋯⋯⋯⋯⋯⋯⋯⋯⋯⋯⋯ 35

2.6.4 区域描述 ⋯⋯⋯⋯⋯⋯⋯⋯⋯⋯⋯ 36

2.7 其他特征 ⋯⋯⋯⋯⋯⋯⋯⋯⋯⋯⋯⋯⋯ 39

2.8 图像检索性能的评价 ⋯⋯⋯⋯⋯⋯⋯⋯ 40

2.8.1 评价准则 A ⋯⋯⋯⋯⋯⋯⋯⋯⋯⋯ 41

2.8.2 评价准则 B ⋯⋯⋯⋯⋯⋯⋯⋯⋯⋯ 42

2.8.3 评价准则 C ⋯⋯⋯⋯⋯⋯⋯⋯⋯⋯ 42

2.9 人机接口及相关反馈 ⋯⋯⋯⋯⋯⋯⋯⋯ 43

2.9.1 友好的人机交互接口 ⋯⋯⋯⋯⋯⋯ 43

2.9.2 相关反馈 ⋯⋯⋯⋯⋯⋯⋯⋯⋯⋯⋯ 44

2.10 本章小结 ⋯⋯⋯⋯⋯⋯⋯⋯⋯⋯⋯⋯ 45

第 3 章 基于距离分布信息熵的商标图像检索 ⋯⋯⋯ 46

3.1 二值商标图像 ⋯⋯⋯⋯⋯⋯⋯⋯⋯⋯⋯ 47

3.2 距离分布信息熵 …… 48

3.2.1 目标区域的提取 …… 48

3.2.2 信息熵 …… 50

3.2.3 区域划分 …… 52

3.2.4 相似性度量 …… 54

3.2.5 算法总结 …… 54

3.3 CBIR 性能评价准则 …… 54

3.3.1 用户评价 …… 55

3.3.2 指标评价 …… 55

3.3.3 图表表示 …… 58

3.4 实验对比结果 …… 58

3.5 本章小结 …… 60

第4章 基于归一化单元转动惯量特征商标图像检索 …… 62

4.1 概述 …… 63

4.1.1 图像归一化转动惯量 …… 63

4.1.2 几何不变性分析 …… 64

4.2 基于归一化单元转动惯量特征的商标图像检索 …… 65

4.2.1 图像归一化单元转动惯量特征 …… 65

4.2.2 相似性度量 …… 66

4.3 图像的匹配技术 …… 66

4.4 实验及其结果 …… 67

4.4.1 不变性实验 …… 67

4.4.2 视觉一致性实验 …… 68

4.5 本章小结 …… 69

第5章 基于区域方向信息熵的商标图像检索 …… 70

5.1 图像的主方向 …… 70

5.2 区域信息熵 …… 71

　　5.2.1　目标区域的提取 ·············· 71

　　5.2.2　区域划分 ·············· 72

　　5.2.3　区域信息熵 ·············· 73

　　5.2.4　相似性度量 ·············· 74

　5.3　实验及其结果 ·············· 74

　　5.3.1　性能指标 ·············· 74

　　5.3.2　几何变形实验 ·············· 74

　　5.3.3　视觉一致性实验 ·············· 76

　5.4　本章小结 ·············· 76

第6章　展望 ·············· 77

　6.1　研究展望 ·············· 77

　　6.1.1　网络检索 ·············· 77

　　6.1.2　基于语义的检索（智能检索） ·············· 78

　　6.1.3　文字特征和视觉特征的结合 ·············· 78

　　6.1.4　语义和情感层次的检索 ·············· 78

　6.2　本章小结 ·············· 79

参考文献 ·············· 81

第1章 绪 论

1.1 研究背景和意义

信息量的爆炸性递增,使信息选择、检索成为一个突出问题。一方面,多媒体数据已经广泛用于因特网和企事业信息系统中,越来越多的信息资源以图像、视频、音频等非文字形式存在,越来越多的商务活动、实物交易和信息表现都将包括多媒体数据,这些都需要不依赖文字匹配技术的新的信息检索技术。目前的商业性数据库大都以文字匹配算法为基础实现信息的检索。它们要求对图像和视频信息进行人工文字标注,然后根据文字标注信息实现内容的自动检索。但是当图像或视频信息量巨大时,人工标注必将花费大量的人力。另一方面,文字标注的优势在于简洁,如果利用文字详细说明图像和视频信息的内容,将使文字匹配速度和准确性大大降低,于是对多媒体信息的有效检索手段逐渐引起人们的重视。因此,如何将数字图像处理、计算机视觉技术与传统数据库技术相结合,建立基于对图像内容自动或半自动描述的新一代图像视频数据库就成为迫切的需求。近年来,基于内容的图像检索技术已成为国内外研究的热点,也成为未来信息高速公路、数字图书馆等重大项目中的关键技术。

商标是商品生产者、销售者或服务提供者为商品、服务设立的标志,它的产生和应用是商品经济发展的产物。商标用以区分不同生产者和经营者所拥有的商品,维护他们的经济利益,不允许侵犯或者混同。另外,商标还用于区别商品的不同质量。通过保护商标专用权，一方面是为了维护社会主义经济秩序，更好地促进经济的发展；另一方面是要促使企业重视商标的信誉，为发展生产和维护消费者的利益服务。因此，商标注册是受法律保护的。在商标申请过程中，审查待注册商标与已注册商标的重复性、相似性是鉴定一个商标是否具有注册资格的前提。随着全球经济的快速发展，商标数量逐年递增，商标申请数量的快速增长为商标排查工作带来了难度，也对其提出了更高的要求。商标图像检索是实现商标查重的重要手段之一，其目的是对商标图像之间的重复性、相似性进行审查。相同商标一般指两个商标相比较，文字、图形或者二者的组合相同，或者在视觉上几乎没有差别。近似商标一般指两商标相比较，文字的字形、读音、含义、图形的构图及颜色，或者文字与图形的整体结构相似，它易使消费者对商品或服务的来源产生混淆。目前所采用的商标图像查重主要通过类目浏览查询和文字查询方式来实现，这适用于纯字符商标和那些具有完备说明的商标，而对于一些纯图形、缺少完整注释的商标而言，检索这类商标变得更困难。随着注册商标数目的增多，现有的商标检索方法显露出类别数难以确定、标记比较主观、难以描述商标图像的相似性等问题，因此，研究有效的商标图像检索系统具有非常重要的意义。

首先，本章对基于内容的多媒体检索、基于内容的图像检索进行了综述，其中包括基于内容的图像检索的基本框架、应用领域以及主要方式。其次，本章对基于内容的商标图像检索进行了详细论述，包括传统的商标查询方法和国外著名的商标图像检索系统。最后，本章对本书所作的主要研究工作和内容安排进行了阐述。

1.2　基于内容的多媒体检索

基于内容的多媒体检索是指根据媒体对象的语义、特征进行检索，如图像的颜色、纹理、形状以及视频中的镜头、场景、镜头与声音中的音调、响度和音色等。

20 世纪 90 年代初,国际上就开始了对基于内容的多媒体检索方面的研究。从基本的颜色检索到综合利用多种多媒体特征进行检索,这项技术已经发展到了高级阶段,其中部分已投入实际应用中以检验其有效性。同时,多媒体内容描述标准 MPEG-7 也在制定当中。

1.2.1 多媒体内容分析

1)用户获取多媒体信息的方式

在通常情况下,用户习惯通过概念来提交查询。概念查询的一种实现是基于文本式的描述,用关键字、关键词的逻辑组合或自然语言来表达查询的概念。当词语难以足够形象和准确地描述视觉或听觉感知时,例如一种物品的样式、颜色或纹理,用户就需要利用媒体呈现的视觉或听觉特征来查询,如基于颜色、纹理特征进行查询。用户容易使用的提交视觉和听觉感知方面的主要查询方式有示例方式,即通过浏览选择示例,或通过扫描仪、摄像机、数字相机、话筒在线输入图像或音频作为查询的样本;描绘方式,即在没有现存样本的情况下,在现实生活中,为了表述方便和明确,人们常常用笔勾勒或描绘自己的意图。同样的方式也可以用于提交形象和直观的查询。在听觉方面,通过选择一些声学感知特征来描述查询要求,例如音调的高低和音量的大小等。

2)多媒体内容

多媒体数据的"内容"表示含义、要旨、主题、隐含和显著的性质、实质性东西、物理细节等,它区别于"形式"这个词。对于多媒体数据来说,其内容概念可以在以下多个层次说明。

①概念级内容。表达对象的语义。典型地利用文本形式的描述,通过分类和目录来组织层次浏览,用链来组织上下文关联。

②感知特性。视觉特性,如颜色、纹理、形状、轮廓、运动;听觉特性,如音高、音色、音质等。

③逻辑关系。音频对象的时间和空间关系,语义和上下文关联等。

④信号特性。通过信号处理的方法获得的明显的媒体区分特征,例如通过小波分析得到的媒体特征。

⑤特定区域的特征。与应用相关的媒体特征,如人的面部特征、指纹特征等。

获得媒体内容的方式可以是人工方式和自动方式,有些内容可以自动提取,但有些内容则很难提取,即使能提取,准确度也不高,鲁棒性不好。因此,可以用半自动方式,人和计算机各自发挥特长,通过交互和学习获取媒体内容。

3)内容处理

多媒体内容的处理分为内容获取、内容描述和内容操纵三部分。也可将其看成内容处理的三个步骤,即先对原始媒体进行处理,提取内容,然后用标准形式对它们进行描述,以支持各种内容的操纵。

①内容获取。内容获取是指通过对各种内容的分析和处理而获得媒体内容的过程。多媒体数据具有时空特性,一个重要成分是空间和时间结构。内容的结构化就是分割出图像对象、视频的时间结构、运动对象,以及这些对象之间的关系。特征抽取就是提取显著的区分特征和人的视觉、听觉方面的感知特征来表示媒体和媒体对象的性质。

②内容描述。内容描述是在以上过程中获取的内容。目前,MPEG-7专家组正在制定多媒体内容描述标准。该标准主要采用描述子和描述模式来分别描述媒体的特性及其关系。

③内容操纵。内容操纵是指针对内容的用户操作和应用。查询是面向用户的术语,多用于数据库操作。检索是在索引支持下的快速信息获取方式。搜索常用于因特网的搜索引擎,含有搜寻的意思,又有在大规模信息库中搜寻信息的含义。在内容技术支持下,可以对视频和音频媒体进行摘要,获得一目了然的全局视图和概要。用户可以通过浏览操作,线性或非线性地存取结构化的内容。过滤是与检索相反的一种信息存取方式,用过滤技术可以实现个人化的信息服务。

1.2.2 多媒体内容描述接口MPEG-7

多媒体数据压缩技术的研究及其技术标准的制定是目前国际工业界和学术界普遍关心的热点问题,特别是在网络和数字媒体产业迅速发展的今天,统一的技术标准的制定与实施更显得尤为迫切。运动图像专家组（Moving Picture Expert Group, MPEG）是专门从事多媒体音视频压缩技术标准制定的国际组织。自 1988 年以来，运动图像专家组已经制定了一系列国际标准，其中 MPEG-1、MPEG-2 已被人们熟知，这两个标准为 VCD、DVD 及数字电视等产业的发展奠定了基础。目前正在制定 MPEG-4、MPEG-7 和 MPEG-21，将为多媒体数据压缩和基于内容检索的数据库应用提供一个更为通用的平台，这必将对下一代音视频系统和网络应用产生深远的影响。

MPEG-7 也称为"多媒体内容描述接口"（Multimedia Content Description Interface），其目标是产生一个描述多媒体内容的标准，支持对多媒体信息在不同程度层面上的解释和理解，从而使其可以根据用户的需要进行传递和存取。需要特别注意的是，为了使其应用更加广泛，MPEG-7 的制定并不是针对特定的某项应用。MPEG-7 注重的是提供视听信息内容的描述方案，并不包括针对不同应用的特征提取方法和搜索引擎，这使得 MPEG-7 标准一方面可以被广泛应用，不局限于某些与特殊应用密切相关的特征提取算法和搜索引擎，也不依赖于被描述内容的编码和存储方式；另一方面又可以引入竞争机制，使人们能够针对不同应用领域产生出更多更好的特征提取算法和搜索引擎。

MPEG-7 将扩展现有标识内容的专用方案及有限的能力，包含更多的多媒体数据类型。换句话说，它将规范一组"描述子"，这种描述子用于描述各种多媒体信息，也将对定义其他描述子以及结构（称为"描述模式"）的方法进行标准化。这些"描述"（包括描述子和描述模式）与其内容关联，允许快速有效地搜索用户感兴趣的资料。MPEG-7 将标准化一种语言来说明描述模式，即"描述定义语言"。带有 MPEG-7 数据的 AV 资料可以包含静止图像、图形、三维模型、音频、语音、视频，以及这些元素如何在多媒体表现中组合的信息。

MPEG-7 的视觉描述工具包括两个基本结构，即格型图和直方图，以及适用于颜色、纹理、形状和运动的描述子。

1）格型图和直方图

格型图是将图像划分为一系列可以分别描述的矩形区域，每个格子区域可以由它们的描述子（如颜色、纹理或结构等）进行描述。

直方图是一种统计结构，对象的可视化特征项如颜色、纹理边缘等可以由直方图进行统计描述。

2)描述子

①颜色描述子:有8个颜色描述子,它们分别是颜色空间、支配颜色、颜色直方图、颜色量化、GoF/GoP 颜色直方图、颜色结构直方图、颜色图和 Haar 变换二进制直方图。

②纹理描述子:共有3个纹理描述子,分别是亮度边缘直方图、纹理浏览和均匀纹理。

③形状描述子:有3个形状描述子,分别是对象框、基于区域的形状和基于轮廓的形状。

④运动描述子:有4个运动描述子,分别是摄像机运动、对象运动、参量的对象运动和运动行为。

MPEG-7 的应用可以分为"拉"应用、"推"应用、特殊的专业应用和控制应用。

"拉"应用包括如下内容:

①视频数据库的存储和检索;

②专业媒体制作方面的图片和视频提交;

③商业音乐应用(卡拉 OK 和音乐销售);

④声音效果库;

⑤历史语音数据库;

⑥通过听觉事件进行电影场景检索;

⑦商标库的注册和检索。

"推"应用包括如下内容:

①用户代理驱动的媒体选择和过滤;

②个人化电视服务;

③智能多媒体表现;

④个人化浏览、过滤和搜索。

特殊的专业应用和控制应用包括如下内容:

①远程购物;

②生物医学应用；

③遥感应用；

④半自动多媒体编辑；

⑤教育应用；

⑥监测应用；

⑦基于视觉的控制。

1.2.3 多媒体框架标准 MPEG-21

总体上来讲,MPEG-21 是一个支持通过异构网络和设备使用户透明而广泛地使用多媒体资源的标准,其目标是建立一个交互的多媒体框架。也可以说,MPEG-21 是一个针对实现具有知识产权管理和保护能力的数字多媒体内容的技术标准。MPEG-21 的目标是要为多媒体信息的用户提供透明而有效的电子交易和使用环境。MPEG-21 多媒体框架是一个结构化框架,从结构上可分为以下 7 大要素。

①数字项声明。即一种对数字项进行声明的统一而灵活的提取和可交互方案。

②内容展现手法。它是不同媒体的数据展现方式,如音频、视频的播放。

③数字项的标记和描述。这是对不同自然属性、类型和粒度的数字项进行统一标记和描述的结构。

④内容的管理和使用。它为以下过程提供接口和协议,经内容传输和消费价值链创建、制作、存储、传送和使用的内容。

⑤知识产权的管理和保护。这是内容在网络和设备上持久稳固地、可信地被管理和保护的方法。

⑥终端和网络。它们提供可交互和透明地通过网络和终端设备存取内容的能力。

⑦事件报告。它可以使用户准确地了解在框架中发生的事件的可表征性能的语法和接口。

1.3　基于内容的图像检索

数字图像作为一种重要的信息载体,具有直观、内容丰富、无语言的限制和便于交流等特点,是一种常用的多媒体资源。最早的图像检索在 20 世纪 70 年代末就已经出现了,那时通用的图像检索方法是用图像的文字特征,如标题、关键字等对图像进行手工注释,检索用基于文字的数据库管理系统(DBMS)来实现,简单易行,能从用户角度对图像内容进行高层语义描述,这种图像检索方法也称为基于文字的图像检索。但是,这种方法存在着以下几方面的问题:

①对图像进行手工注释需要大量的人力,这种缺点随着图像数量的急剧增加而日益突出。

②图像内容是非常丰富的,关键字和注释不足以对图像的颜色、形状纹理、层次和轮廓等特征进行统一的文字描述。

③人对图像理解的主观性,即对相同的图像,不同人的理解是不同的。

④随着资源的网络化,越来越多的图像数据库实现了网络共享,这使不同语言之间的障碍也会影响文字注释的效果。

20 世纪 90 年代初,随着大规模图像集合的出现,对图像进行手工注释的方法越来越不能满足人们的需求。因而,人们提出了基于内容的图像检索(Content Based Image Retrieval,CBIR)。所谓基于内容的图像检索,是指直接根据描述媒体对象内容的各种特征进行检索,它能从数据库中查找到具有指定特征或含有特定内容的图像。它区别于传统的基于关键字的检索手段,融合了图像理解、模式识别等技术,具有如下特点:

①直接从媒体内容中提取信息线索。基于内容的检索突破了传统的基于表达式检索的局限,它直接对图像和视频进行分析并抽取特征,利用这些描述图像内容的特征建立索引。

②基于内容的检索是一种近似匹配。在检索过程中,它采用某种相似性度

量对图像库中的图像进行匹配并获得查询结果。这一点与常规数据库检索的精确匹配方法有明显不同。

③特征提取和索引建立可由计算机自动实现,避免了人工描述的主观性,减少了工作量。

目前,通用型的 CBIR 系统虽已有少量商品出现,但远未能实际应用。然而针对某一特定类型图像研究 CBIR 系统的关键技术对 CBIR 技术的发展将会有很大的推动促进作用。基于内容的图像检索把图像处理、图像理解、计算机视觉、认知心理学、数据库管理以及处理用户接口的计算机图形学等几个领域的技术成果结合起来,是一个有前途的发展方向。

1.3.1 图像检索的基本框架

基于内容的图像检索系统主要分为两个部分,即图像库的索引以及图像的查询。图 1.1 给出了一个基于内容的图像检索系统的基本框架,其中左图为对已有的图像数据库进行图像特征的提取以及索引结构的建立;右图为用户查询图像的过程。用户在输入查询图像后,系统自动地进行特征的提取以及相似性的度量,按照相似度的大小输出与查询图像相似的图像,接着,用户可以根据自己的需要,将查询结果的意见反馈给系统,进而重新检索和输出。

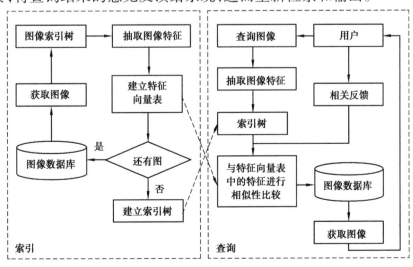

图 1.1 图像检索系统的基本框架

1.3.2 图像检索的应用领域

经过几十年的研究,现在已经出现了很多商用和研究用的 CBIR 系统。前者如 IBM 的 QBIC、Virage,Attrasoft 公司的 ImageFinder,Yahoo 的 Image Surfer 等。后者如麻省理工学院的 Photobook 和加利福尼亚大学的 BlobWorld,还有伊利诺伊州立大学的 MARS,哥伦比亚大学的 VisualSEEk 等。CBIR 的应用领域非常广泛,主要包括以下方面:

①犯罪预防。如在国家的安全部门中,可以建立图像数据库,存放有过犯罪记录人的人脸图像和指纹图像等。当有案件发生时,一旦找到嫌疑人的照片或指纹就可以搜索图像库进行人脸识别或指纹识别,查询其相关情况。

②知识产权保护。随着知识经济时代的到来,知识产权日益受到重视,并得到法律的保护。注册商标时需要在已有的数据库中查询,检查是否已有重复或类似的图像,这就需要用到图像检索的方法。

CBIR 系统的应用领域另外还有数字图像馆、地理信息系统(GIS)、建筑与工程设计、卫星遥感图像管理、纺织和时装设计、军事用途、医疗图像管理和辅助病情诊断、网络销售、教育和培训、家庭娱乐等。

1.3.3 图像检索的主要方式

基于内容的图像检索方式主要有以下三种:

①示例查询:用户给出查询图像,系统根据查询图像提取特征进行查询。如用一幅人脸图像查询图像库中是否有该人的另外一些图像。

②主色查询:用户给出查询图像的主要颜色或颜色的分布,系统根据主色的信息进行查询。如要查询蓝天下的雪山,就可以选择上面颜色为蓝色,下面颜色为白色的颜色分布来查询。

③轮廓查询:用户借助系统提供的画图工具,画出所需图像的轮廓图,系统根据轮廓图查找相似的图像。

其中示例查询为最通用也是最方便的查询方式,一般的图像检索系统都为用户提供了这种方式。而主色查询一般用于彩色图像的检索,轮廓查询则多用于给定目标的查询,比如有意义的物体等。

1.4 基于内容的商标图像检索

商标是商品经济的产物,在商品经济条件下,生产和经营同类商品的企业日益增多,商品生产或经营者之间的竞争也日趋激烈。为了促进商品的销售,一些生产者在自己的商品上使用有别于他人的标志,目的在于区别商品的出处,通过逐步建立商标信誉来吸引消费者购买自己的商品。所以,区别性是商标的基本功能和本质特征。商标的区别性需要一定的法律来保障,否则不同的生产者或经营者在相同或类似的商品上使用相同或近似的商标,就会在公众中引起混淆,使商标失去了其基本功能。经商标管理部门核准注册的商标为注册商标,商标注册人享有商标专用权,受法律保护。加强商标管理,可以保护商标专用权,促使生产者保证商品的质量和维护商标的信誉;同时保障消费者的利益,促进社会主义商品经济的发展。

商标通常可以分为以下 3 种类型:

①文字商标,即仅包含字或词的商标。这种商标可以用字符索引或者文字匹配软件来管理,其在管理和查询时需要确认商标是不是与其他注册的在声音上相似或者在拼写上相似。

②图像商标,指仅包含图像或几何图形的商标。商标的主要属性是图像的几何形状特征,因此形状相似性是判断商标是否相同或相似的主要根据。

③组合商标,指同时包含文字和图像的商标。

图 1.2 给出了这 3 种类型的商标示例,其中图 1.2(a)为文字商标,图 1.2(b)为图像商标,图 1.2(c)为组合商标。

图 1.2　不同类型的商标示例

相对来说,文字商标和组合商标的管理比较容易,可以用文字注解的方法进行检索。在商标管理上,最难的是图像商标,这些商标是注册商标中的绝大部分。相同的图像商标是指构成商标图像的形状在视觉上无差别或者有细微差别,如图 1.3 所示。近似的图像商标是指商标整体结构相同且外观近似,在视觉上容易引起混淆的商标,如图 1.4 所示。由于注册图像商标时是以二值图像的形式注册的,因此颜色特征在区分不同图像商标时无效。本书的研究主要是基于形状特征的商标图像检索。

图 1.3　被认为相同的商标

图 1.4　被认为近似的商标

1.4.1 国内外研究现状

近年来,基于内容的图像检索是一个非常活跃的研究领域。许多国内外的院校和科研机构在该领域进行了许多研究。迄今为止,已经有许多比较成功的基于内容的图像检索系统问世。这些系统在一定范围内都有比较理想的效果。在商标图像的检索方法中,国内外学者已经进行了较深入的研究。下面简略介绍相关的研究成果。

1994 年,Lu 和 Tsai 用统计和形状特征更加详细地描述商标的内容,并提出了由粗到细的分类方法以加快检索。不过,他们提出的一些特征太复杂,必须手动进行提取。

1994 年,Cortelazzo 等人通过用链码字符串组成的树状轮廓来描述商标图像轮廓之间的内部联系。然后,通过动态编程技术来计算线之间的距离,以此来度量图像之间的相似度。

1995 年,Whalen 等人提出了一种半自动商标检索系统。用随机选择的方法从数据库中选出许多对商标图像,然后对每对商标手动提取一个特征,该特征在其他的标记中没有出现。但是,大多数所选特征具有语义含义,不能用计算机提取。

1996 年,Jain 和 Vailaya 证明将颜色和形状特征相结合的方法比用任何一个单独的特征进行商标检索的性能都要好。并且 Mehtre 等人也证实了颜色和形状特征相结合的想法。但是对于商标图像来说,颜色特征并不是其可以进行区别的主要特征甚至是可以忽略的。

1997 年,Mehtre 还引入了一个检索系统。一个颜色和形状的聚类算法用来找出商标图像的连通分量。然后,这些不变矩的一些分量被用来进行商标检索。由于这些矩分量对形状特征很敏锐,仅使用这些矩,不能正确地区分形状类似的商标图像。

1997 年,Peng 和 Chen 对图像内部闭合等高线的连续内角进行编码,使其成为角码字符串而不是链码字符串,转换不变性质,缩放和旋转不变性得以保存。

然而,他们没有考虑内角之间的顺序,它可以检测沿等高线的形状差异很大,即使这两个对象的角码字符串是相似的。

1998 年,Kim 使用的 Zernike 阵(ZMMs)具有旋转和缩放不变性,而且对噪声和轻微的变形有很好的鲁棒性。但对于一些几何变形,如球面变形,检索效果却不佳。

1998 年,Jain 和 Vailaya 提出了一个两阶段的商标检索系统的基于形状特征的多种模型。在第一阶段,用边缘方向和不变矩来修剪数据库挑选合理的候选集。在第二阶段,用可变形模板匹配去掉不相似的图像。

2002 年,Zhang Yujin 提出了一个动态的形状匹配算法,采用 8 个方向链码来描述二值图像的形状。链码具有很强的缩放不变性和非刚性变形不变性。但链码不具有旋转不变性。

2006 年,A. Cerria、M. Ferria 和 D. Giorgi 提出了一个新的有效的基于内容检索图像的系统,它是基于尺寸大小特征,用几何形状工具来描述和匹配形状特征。

2008 年,Chia-Hung Weia 开发了一个商标图像检索(TIR)系统,来处理大数据的用于商标注册的图像。它使用 Canny 边缘检测方法进行边缘特征提取的方法,对图像进行形状标准化,然后提取全局特征和局部特征。全局特征是提取形状的本质特征,而局部特征描述了商标的内部细节。

国内的一些专家学者也对商标图像检索作了大量研究,取得了较大进展。黄元元等人提出了一种综合利用商标形状特征与其内部空间位置关系特征来检索二值商标图像的方法;郭丽等人提出一种使用全局和局部图像特征检索商标图像的方法;石励等人提出利用商标图像在极坐标系的水平投影特征及垂直投影特征来描述商标图像的形状特征,利用投影特征向量的欧氏距离来度量图像的相似性程度的方法。卢章平等人提出用 Hu 不变矩和边界方向直方图分别描述形状,采用等级度量方法进行特征融合并匹配,通过用户反馈算法达到检索的目的。周丽华等人提出基于图像纹理的统计特性的十种特征量。

1.4.2　传统的商标查询方法

新的商标在注册之前必须先申请,由专业的审查人员按照有关法律的规定,先进行形式审查,形式审查合格的商标注册申请,按其申请日期先后,通过检索、分析、对比和必要的调查研究,审核其商标注册的合法性,以确定是否给予初步审定或者驳回的行政行为。商标实质审查是决定商标能否获得商标专用权的关键环节。

到现在为止,主要的商标图像检索管理系统还是用手工分配注册码的方式来反映图像的内容。最广泛使用的分类查询系统采用世界知识产权组织提出的维也纳分类码对图像进行索引。该方法将商标图像要素划分为 29 个大类,约111 个小类和 1 569 个细目。对商标图像要素划分数码代号,以利于检索和查询。如图 1.5 所示,商标以 3 层结构进行编码,每类又分为若干子类,即第 2 层,每个子类又进一步划分为多个细目。相似的商标图像被赋予相同的分类码,由多个部分组成的商标图像则是每个部分都分配一个分类码,这样一幅图像就可能对应多个代码。这个过程需要人工参与完成。许多图像倾向于描述有生命的物体(如狗)或无生命的物体(如船和星星),有上万幅图像被分类为抽象的几何设计,有些则没有代表性的含义。现有的手工索引对图像中出现的可识别的集合形状(如圆、三角形和矩形)可以分配确定的编码,而对比较抽象的几何体编码则比较困难。

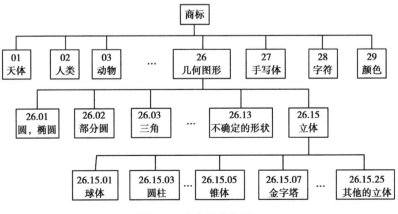

图 1.5　维也纳分类码

传统的图像数据检索是基于文本的,文件名、题注、关键字都可以用来对图像进行注释或描述。中国商标数据库网站提供的检索功能,结合类目和文本查找,查找字段包括注册号、中文、拼音英文、商品服务名称、商标所有人、图形要素。图形要素根据维也纳协定中的号码规则书写。这样对图像的检索就变成了对关键字的查找。这种查询操作是基于该图像的文本描述进行精确匹配或概率匹配。

这种方法有几个缺点:

①对图像的手工分类耗时,由于每天有大量待注册的商标需要处理,人工进行分类速度太慢。

②人工分类具有主观性,对于同一幅图像,让不同的人分配分类码,可能得到的结果各不相同。

③这种分类方法结构是固定的,因为最初就确定了分类的结构,而这种结构未必就非常合适。如果在结构中加入新的类别则非常困难,因为需要对已有的所有图像重新进行分类。

④一幅商标图像包含的内容是很丰富的,用简单的分类码进行标记,并不能全面地描述出图像的所有含义。因而分类码对检索并不都能起到帮助作用,尤其是对抽象图像以及比较复杂的图像。

另外,相似性判断可以基于许多准则,包括总体形状、图像组成部分的形状以及各部分的空间结构,而任何现有的分类码方案都不能覆盖所有这些准则。人工分类的方法不适应快速发展的经济社会对商标注册过程的需求,因此开发出一个自动高效的商标图像管理系统非常重要。

1.4.3 著名的商标图像检索系统介绍

图像检索系统应能提供一个综合图像处理、模式识别、计算机视觉、人工智能和数据库等多种技术的友好人机交互界面,让用户方便快速地查找目标图像。随着近年来图像检索技术的发展,许多新技术正不断引入图像检索系统中,特别是在用户信息的引入和建立检索高维特征索引方面。

自20世纪90年代初开始,基于内容的图像检索已经成为一个非常活跃的研究领域。到目前为止,已经出现了多种商用和研究性的商标图像检索系统。大多数商标图像检索系统支持下列一个或多个检索方式:随机图像浏览、基于样图的图像检索、基于草图的图像检索、基于文本的图像检索(包括关键字等)、根据定制图像类别进行导航等。它们在图像的形状表示、匹配以及相似性度量方面都做了很多的工作。人们已经开发了一些供商用或研究用的检索系统,其中比较有影响的系统有QBIC、ARTISAN、STAR等。

1) QBIC

IBM公司的QBIC(Query By Image Content)是第一个商品化的基于内容的图像检索系统,其系统框架和技术对后来的图像检索系统具有深远的影响。QBIC支持基于示例图像、用户构造的草图、选择的颜色和纹理等的查询。QBIC包括一个基于形状特征的商标图像检索系统,它所使用的形状特征包括形状的面积、圆形度、偏心率、主轴方向以及一组矩不变量等,图像之间的距离用归一化特征向量的加权欧氏距离来衡量。对于每一幅商标图像,系统将图像分割为多个主要的代表形状区域,并将各个区域的形状特征存储在数据库中。

图1.6给出了从图像中分割代表区域的例子。用户可像图1.7所示中那样使用图像的某一个代表区域进行查询,系统按照相似度由大到小的顺序输出检索结果。在QBIC的新系统中,基于文本关键字的查询与基于内容的相似性查询应结合在一起。

(a)商标图像　　　　(b)代表区域-1　　　　(c)代表区域-2

图1.6　商标图像的代表区域

2) ARTISAN

ARTISAN(Automatic Retrieval of Trademark Images by Shape Analysis)是由Northumbria大学(Newcastle)开发的用于抽象几何图形组成的商标图像检索的原型系统。ARTISAN是一个模块化系统,它可以处理专利局提供的特定格式的位图,抽取最重要的形状特征并把它们存储在数据库中。任何新的形状特征可以与数据库中存储的特征进行匹配,并检索出那些与查询形状最相似的图像。

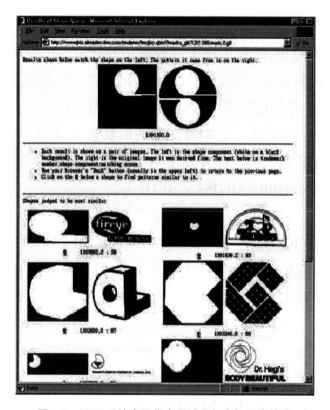

图 1.7　QBIC 系统中用代表区域进行商标图像检索

　　系统的模块结构使它将来相对容易修改和扩展,其包含以下模块:①确定图像中感兴趣的区域,并用其边界的近似直线段和圆弧来表示。②去除原始图像中因噪声产生的伪线段,因为这些噪声可能会破坏用于特征索引的形状统计值,并使用了一系列的边界重画规则来去除这些线段或对它们进行再分类。③区域边界聚类为族,这个模块使用了聚类技术将边界分为近似族和形状族两大类,这种分类潜在地反映了人对图像的视觉理解,将图像边界根据接近、平行和集中性原则聚类可以得到近似族,而根据形状的相似性聚类则可以得到形状族,对它们的后续处理也有所不同。④为每个近似族构造一个封皮(envelope)。⑤全局形状的抽取和保存。从整幅图像、近似族以及每个边界这三个不同的层次上对图像抽取形状特征向量集,如纵横比、圆形度、透明度、相对面积、复杂度和清晰度等。⑥数据库查询。数据库查询模块允许用户选择一幅查询图像和实时搜索参数,从查询图像中抽取合适的形状特征,用形状特征匹配计算出查询图像和存储图像的相似度,然后在屏幕上显示最相似的检索图像。

　　图 1.8 给出了 ARTISAN 系统中商标图像的处理流程,其中图(a)是图像库中的一幅典型的商标图像,图(b)是由商标图像抽取出的区域边界,图(c)给出了根据视觉相似性对边界进行分组得到的结果,图(d)给出了两个分组边界封皮。图像中的边界共分为 2 个组,外部的两个圆分为一个组,内部的 8 个三角分为另一个组。图 1.9 给出了 ARTISAN 系统查询图像的例子,其中图(a)为查询图像,图(b)为检索结果。

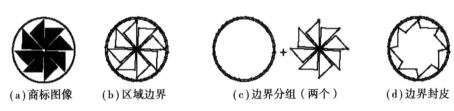

(a)商标图像　　　(b)区域边界　　　(c)边界分组（两个）　　　(d)边界封皮

图 1.8　ARTISAN 系统中商标图像处理流程

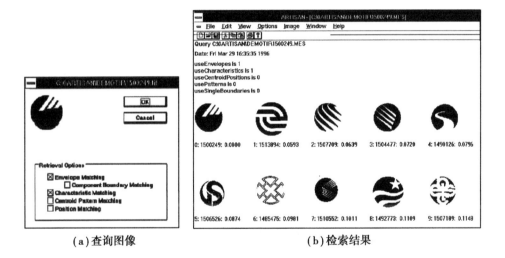

(a)查询图像　　　　　　　　　　(b)检索结果

图 1.9　ARTISAN 系统查询图像实例

3)STAR

　　STAR(System for Trademark Archival and Retrieval)是新加坡国立大学系统科学学院开发的结合颜色和形状特征的商标图像检索系统,它同时使用了商标图像的三种主要特征,商标的形状和结构、商标包含的文字和商标的含义,而其他系统通常只采用图像的形状特征,这一点使其相似性的判断更加灵活。图像的形状特征使用基于边界的 Fourier 描述子、矩和灰度投影来描述,多特征的使用可以抓住图像的不同特点,并且在一定程度上起到取长补短的作用。

4)其他系统

Jain 和 Vailaya 提出用两级的分层检索结构进行商标图像检索。首先,考虑到待检图像非常多,所以采用简单的易于计算的形状特征(边界方向直方图和 Hu 不变矩)进行初步筛选,产生少量的候选图像,然后用计算量比较大的变形模板匹配的方法在候选图像中选出与查询图像相似的图像。其中,第一步采用的两个形状特征用加权和的方法进行组合,并且取相同的权值。他们还提出将图像的内部进行填充,用实心图像的形状特征进行检索能够取得更好的效果。

Jain 提出的边界方向直方图方法具有尺度不变性,能够比较好地描述商标图像的大体形状,并且对于图像中有局部噪声的情况鲁棒性比较好。它的主要思想是用 Canny 边缘检测算子检测出商标图像的边界信息,然后将边界方向量化为柄形成边界方向直方图,并用边界方向直方图来描述目标的形状特征。边界方向直方图对于平移变化是不变的,为了获得对尺度变化的不变性,可以用图像中边界点的个数对直方图进行归一化。为了减小边界方向直方图受旋转变换的影响,还对边界方向直方图进行平滑。目标图像和图像库中的图像之间的特征相似性用欧氏距离的方法来计算,图 1.10 给出了 3 幅商标图像及其相应的边界图像和边界方向直方图的示意图,其中边界方向直方图量化为 36 柄。

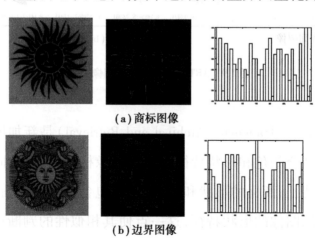

(a)商标图像

(b)边界图像

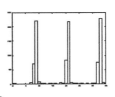

（c）边界方向直方图

图 1.10　商标图像、边界图像和边界方向直方图

边界方向直方图可以较好地描述图像的形状信息，但是它有两个缺点。

（1）两个在总体上完全不相似的形状可能产生相同的边界直方图，如图 1.11 所示，其中图（a）是一幅实心三角形图像，图（b）是一幅由多个实心小三角形组成的多边形图像，它们的总体形状是不相似的，但是对应的边界方向直方图却是相同的［图（c）］。这是因为边界方向直方图的方法只考虑了边界的方向信息，而对边界的位置等信息则没有考虑。

　　　　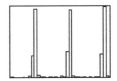

（a）实心三角形图像　（b）多边形图像　（c）对应的边界方向直方图

图 1.11　不同商标图像对应相同边界方向直方图的示例

（2）边界方向直方图对旋转变化比较敏感。如果单独使用边界方向直方图进行检索，不能取得很好的效果，但是将它和别的形状特征结合起来使用，由于它对图像边界形状出色的描述能力，则能够起到很好的过滤和识别作用。

用分层检索的方法主要是为了减少候选图像的数量，以加速第二阶段匹配的速度，但是由于第一阶段使用的特征在检索旋转图像和线性图像时效果不是很好，因此会使后一阶段的匹配受到影响。

总的来说，现有的商标图像检索系统基本上还停留在实验阶段。由于商标的相似性检索不同于一般的形状匹配方法，在商标图像的同类同组图像中，完全不相似的图像居多，相似的可能性很少，完全相同的几乎没有。因此，商标图像的相似性检索不是一个精确匹配的过程，而是近似匹配的过程，商标图像的检索就是尽量排除不相似的商标，筛选出与查询图像相似度比较高的图像。目前现有的商标图像检索方法,在尺度、旋转不变性、对几何变形图像的检索能力、检索精度以及图像与人的视觉感受相一致等方面还存在不足,需要研究新的有效的方法,并综合多种方法。另外,由于不同的用户对图像的相似性理解存在差异,因此,为不同用户提供不同的特征组合方法,以及提供人机交互的友好界面,使系统能够根据用户的需求及时调整输出,更好地满足用户需求,这些都是值得研究的问题。

1.5 本章小结

本书对基于内容的商标图像检索进行了研究,主要提出了三种新的商标图像检索算法,主要研究工作如下:

(1)本书对基于内容的图像检索进行了综述,主要包括图像检索的基本框架、应用领域以及主要方式。基于内容的图像检索技术在商标图像领域得到了广泛的应用,本书阐述了传统的商标图像检索方法及其不足之处,并介绍了多个基于内容的商标图像检索系统。

(2)本书对基于内容的图像检索相关技术进行了论述,详细介绍了图像检索中常用的图像底层特征,包括颜色、纹理、轮廓、形状以及其他特征。

(3)在二值图像中,白色像素点(背景点)和黑色像素点(目标点)的交错分布构成了各种各样的目标形状。本书提出了基于距离分布信息熵的商标图像检索方法。首先采用基于目标像素外接圆的方法提取图像目标区域,然后采用同心圆的方法对目标区域进行划分,得到一系列子图像并产生距离分布信息熵,最后对距离分布信息熵进行归一化。与距离分布直方图的对比实验表明,基于距离分布信息熵的商标图像检索方法是有效的。

(4)为了解决商标图像检索中存在的计算量太大、难以满足实时性的问题,本书提出了一种基于归一化单元转动惯量(NUMI)特征的商标图像检索方法。

该方法具有良好的旋转、平移、尺度不变性,且提取方法简单,易于实现,实验结果能够很好地满足人们的视觉感受。

(5)现有的商标图像检索方法往往存在强调全局特征,忽视局部特征的问题,而局部特征在表达图像内容方面与全局特征是相辅相成的。信息熵是描述图像形状特征的重要方法,本书从信息熵的角度出发,提出一种基于区域信息熵的商标图像检索方法。首先确定商标图像的主方向,然后将图像从主方向沿圆周方向等间隔地划分为若干个子区域,统计每一个子区域中的信息熵。实验证明了该方法的有效性。

(6)总结本书,并对基于内容的商标图像检索的研究进行了展望。

第2章　基于内容的图像检索相关技术研究

基于内容的图像检索就是根据对图像内容的描述,在目标图像集合中找到具有指定特征或包含指定内容的图像。而特征抽取是基于内容的图像检索的基础,特征包括文字特征(如关键字、注释等)和视觉特征。视觉特征中,对如人脸识别的特殊应用有一些专用的基于知识的特征,而本书讨论的主要是一些可以广泛用于图像检索的原始视觉特征。

因为图像使用者的需求不同,基于内容的图像检索可分为以下三个层次。

①利用原始特征,包括颜色、纹理、形状以及空间结构的查询,例如检索包含黄色或者蓝色的星星的图片;

②利用导出特征或逻辑特征的检索,其中加入了对图像中目标的识别和描述,例如检索火车通过桥梁的图片;

③抽象语义特征如场景描述,包含对目标意义的复杂推理,例如检索壮观景色的图片。

CBIR技术借助对图像信息从低层到高层进行处理、分析和理解的过程获取其内容并根据内容进行检索。为了更直观地说明这个概念,举一个简单的例子来说明其特点,这是一个基于颜色内容的国旗图案检索示例。

图2.1所示是各国国旗的图像库,假设已经知道比利时的国旗[图2.2(a)],想要查找还有哪些国家的国旗看起来和它相似,显然仅按国家名字检索是无法做到的,因为索引中并没有任何关于国旗视觉内容的信息。

如图2.2所示,如果根据国旗的颜色信息进行检索,则很容易看到和比利时国旗相似的还有马里国旗[图2.2(b)]、塞内加尔国旗[图2.2(c)]、安道尔国旗[图2.2(d)]、乍得国旗[图2.2(e)]。

图 2.1　国旗图像库中的图像

(a)比利时　　(b)马里　　(c)塞内加尔　　(d)安道尔　　(e)乍得
国旗　　　　国旗　　　　国旗　　　　　国旗　　　　　国旗

图 2.2　各国国旗

可以看出,返回的这些结果正是所需要的图案,基于内容检索技术的效果和实用性由此可见一斑。

2.1　商标图像的预处理

为提高检索速度,减少算法的时间、空间复杂度,在对商标图像进行特征提取前,首先进行一些预处理。

2.1.1　图像的滤波处理

鉴于噪声对提取的图像特征有一定影响,可以预先对图像进行滤波处理。对图像滤波应该做到不损坏图像的边缘、轮廓等重要信息,应该使滤波后的图像清晰,视觉效果良好。

中值滤波是常用的基于邻域的去噪平滑方法之一,它是一种非线性平滑技术,它对图像的每个像素选取一定尺寸的邻域,对邻域内像素的灰度值按大小重新排序,取中间大小的像素灰度值代替当前的像素值。可见中值滤波的实现比较简单,且该滤波方法可以较为有效地抑制图像中的孤立噪声点。

2.1.2 彩色图像灰度化

在 RGB 颜色模型中,图像是由红(Red)、绿(Green)、蓝(Blue)三个图像分量组成的,如果 $R=G=B$,那么表示此图像的颜色为灰度颜色,其中 R、G、B 的值叫灰度值,用来表示亮度信息。可见灰度图像的像素值是介于黑到白 256 灰度等级中的一种。彩色图像和灰度图像之间可以互相转化,图像的灰度化,即由彩色图像转化为灰度图像,亦即彩色 R、G、B 分量转变为相等值的过程。由于肉眼对 RGB 颜色的感知不同,对绿色最敏感,对蓝色敏感度最低,所以转换时赋予 R、G、B 分量不同的权值。有一个著名的转换公式被称为心理学灰度公式:

$$Gray = 0.299 \times R + 0.587 \times G + 0.114 \times B \tag{2.1}$$

求得 Gray 后,将原图像 (R,G,B) 中的三个分量统一用 Gray 替换,形成灰度图像 $(Gray,Gray,Gray)$。

本书的商标图像检索研究不关心颜色特征,为了减少计算量,可以把彩色商标图像转化为灰度图像。

2.1.3 灰度图像二值化

二值图像是指图像中只有 0 和 255 两个灰度值。对灰度图像进行二值化,即选定一个阈值,将图像中小于该阈值的像素的灰度值设置为 0,将图像中大于该阈值的像素的灰度值设置为 255。

阈值的选定是图像二值化的关键,一个好的阈值可以正确地区分图像中的对象和背景。阈值选取有三种方法,分别是全局阈值、局部阈值和动态阈值。其中全局阈值最简单,它的选取依据图像的灰度直方图,对目标区域和背景分离明显、图像直方图呈双峰分布的图像二值化效果好。商标图像属于人工图像,符合以上特点。商标图像的灰度直方图一般有两个峰值,对应了目标对象和背景。阈值选取在两峰间的波谷处,且波谷越陡的,二值化效果越好。

2.1.4　尺度归一化

图像库中包含了各种格式和不同尺寸的图像,为了有效地进行特征比较,必须对图像进行统一格式、尺度归一化处理。格式转换可采用图像处理相关的工具软件提前转换。

尺度归一是将图像缩放为统一的尺寸。但尺度归一化处理可能会带来较大的负面影响,如不同尺度的图像缩放为统一尺度,致使压缩或拉伸后的图像产生形变,从而无法提取到准确的边缘信息。

2.2　CBIR 中常用的图像特征

特征提取是基于内容的图像系统的核心功能。特征提取的目的是通过各种图像分析技术提取图像内容的某种表示,使得图像的这种表示能够作为图像检索的依据。合理地选择图像特征,能够有效地提高计算速度及检索精度。目前比较成熟的特征是颜色、纹理、形状和物体之间的方位关系等,这些特征都属于图像的底层特征。

2.3　颜色特征

在基于内容的彩色图像检索中,颜色特征是可靠、使用广泛的视觉特征,具有与生俱来的旋转不变性。它对复杂背景图像相对丰满,与图像大小和方向无关,而且颜色特征计算简单。因而利用颜色进行图像检索的技术受到了普遍的重视,并最早得到应用。

2.3.1　颜色直方图

颜色直方图是最通用的颜色特征表示形式。它运用了统计学的方法,表示出三个颜色通道分布密度的联合概率。1990 年,Swain 和 Ballad 提出了直方图相交算法,其核心思想是计算图像之间的相似度。全局直方图计算简单,且具有平移、旋转、缩放不变性的优点,因此被大多数图像检索系统采用。它从提出到现在一直是最流行的图像索引技术之一。颜色直方图的特征是一种图像的全局特征,不包含颜色的空间分布信息,因此不同的图像可能具有同样的颜色直方图,从而造成误检。基于此,Stricker 等人提出了分块的颜色直方图和分块的颜色矩,这在一定程度上克服了直方图误检率高的这一缺点。

利用颜色直方图进行检索,该方法也可以应用于视频数据库的检索,有以下 3 种方式:

①指明颜色组成。该方法需要用户对图像中的颜色非常敏感,而且使用起来也不方便,检索精度和检索回召率并不高。

②指明一幅示例图像。通过与用户确定的图像的颜色直方图的形似性匹配得到查询结果,即为全局颜色特征提取。

③指明图像中一个子图。分割图像为各个小块,然后利用选择小块来确定图像中感兴趣的对象的轮廓,通过建立更复杂的颜色关系来查询图像,即为局部颜色特征提取。

2.3.2　颜色聚合矢量

Pass 等人提出使用颜色聚合矢量(CCV)作为图像的颜色特征,它是图像直方图的一种演变,其核心思想是当图像中颜色相似的像素所占据的连续区域的面积大于一定的阈值时,该区域中的像素为聚合像素,否则为非聚合像素,这样统计图像所包含的每种颜色的聚合像素和非聚合像素的比率称为该图像的颜色聚合矢量,令 a_i 为第 i 个聚合像素的个数,b_j 为第 j 个非聚合像素的个数,那么 CCV 定义为:

$$< (a_1,b_1),(a_2,b_2),\cdots,(a_k,b_k) > \qquad (2.2)$$

可以看出<(a_1,b_1),(a_2,b_2),$\cdots$,(a_k,b_k)>实际上就是图像的直方图特征,而 CCV 通过将聚合像素及其非聚合像素单独处理从而保留了一定的图像颜色的空间分布信息。由于加入了空间信息,采用颜色聚合矢量 CCV 比采用颜色直方图检索的效果要好,特别是对大块的均匀区域或者图像中大部分为纹理的图像检索效果更好,但是同时又增大了计算量。

2.3.3 颜色矩

颜色矩的概念最早由 Stricker 等人提出。Stricker 等人认为颜色信息集中在图像颜色的低阶矩中,他们主要对每种颜色分量的一阶矩、二阶矩和三阶矩进行统计。对于图像检索来说,颜色矩是一种简单有效的颜色特征表示方法。并且一阶(均值)、二阶(方差)和三阶(斜度)等矩可以很有效地表示图像中的颜色分布。下面给出这三个矩的数学定义:

$$\mu_i = \frac{1}{N}\sum_{j=1}^{N} f_{ij} \tag{2.3}$$

$$\sigma_i = \sqrt{\frac{1}{N}(f_{ij} - \mu_i)^2} \tag{2.4}$$

$$s_i = \sqrt[3]{\frac{1}{N}(f_{ij} - \mu_i)^3} \tag{2.5}$$

式中 f_{ij} 表示像素,j 为颜色 i 的概率,N 为图像中像素的个数。

颜色矩对于图像中只包括一个目标的时候非常有效,由于采用 9 个数值(三个颜色坐标轴,每个坐标轴包括三个颜色矩),所以相对于其他颜色特征而言,采用颜色矩表示颜色特征是一个非常紧凑的表示方法。

2.4 纹理特征

纹理也是在描述图像时经常用到的一个概念,纹理通常定义为图像的某种局部性质,或是对局部区域中像素之间关系的一种度量。另外,纹理特征也可用来对图像中的空间信息进行一定程度的定量描述。

纹理分析一直是计算机视觉的一个重要研究方向,其方法主要分为两类:结构分析方法和统计分析方法。结构分析方法假定图像由较小的纹理基元排列而成,它采用句法分析方法,只适用于规则的结构纹理。统计分析方法又可进一步分为传统的统计方法和基于模型的方法等。

2.4.1 传统的统计方法

传统的统计方法始于 20 世纪 70 年代早期,Haralick 等人提出基于二阶灰度统计特征的共生矩阵方法。Tamura 等人以人的主观心理度量为标准,提出了六个基本的纹理特征,分别是粗糙度、对比度、方向性、线性度、规则度和平滑度,实验证明这几个特征符合人的主观视觉感受,在许多图像检索系统中得到应用。

2.4.2 几何方法

把纹理划分为"纹理元素",根据"纹理元素"的不同区分不同的纹理特征,如结构方法就是提取图像的"纹理基元"。

2.4.3 基于模型的方法

基于模型的方法是采用图像模型描述和综合图像的纹理特征,包括随机场模型和分形方法。从 20 世纪 80 年代开始,随机场模型的技术被用于纹理分析。MIT 的 Photobook 中采用了随机场的二维分解技术,得到周期性、方向性和随机性三种特征,用于纹理图像检索。

从以上介绍可知,纹理分析的方法是比较多的。当图像中不存在颜色和形状信息时,纹理是进行图像检索与分类的重要特征,如果图像场景中有树木和草,就可以用纹理,而不是用颜色或形状,对图像进行分类。但是纹理的定义是很困难的,现在的研究实际上很多都避开了这一难题。

2.5　轮廓特征

轮廓特征是对图像中物体外形的描述。轮廓图就是图像中各个物体外形所形成的图,一般对图像进行边缘检测、细化等处理后就能得到边缘轮廓图。图像内容在一定程度上可以通过其轮廓特征来识别,在基于内容的图像检索中,图像的轮廓特征是一个重要的可用特征。

在某些图像检索系统中,采用分块相关法比较图像的轮廓,这种方法的缺点是不具有尺度和方向的不变性,对检索结果有很大影响。另外一种方法是连通直方图法,它比较的是轮廓的连通情况,具有一定的实际应用意义。基于轮廓特征的图像检索也可以将轮廓分解成一系列记号,生成示例图进行相似度比较。对轮廓的分解有利于获得尺寸缩放和方向的不变性,并可在轮廓部分被遮挡时进行检索。

2.6　形状特征

基于图像内物体形状的检索是基于内容的图像检索当中一个最具挑战性的问题之一,因为寻找符合人眼感知特性的形状特征不是一件简单的工作。首要的困难是要将不同物体从图像中分割出来,这是计算机视觉的困难问题之一。

形状是图像目标的显著特征之一,很多查询可能并不针对图像的颜色,有时候我们需要的并不是某种颜色的物体,而是需要得到图像中包含特定形状的所有图片。在图像二维空间中,形状通常被认为是一条封闭的轮廓曲线所包围的区域,所以对形状的描述涉及对轮廓边界的描述以及对这个边界所包围区域的描述。但是,形状相似性在基于模式的视觉中是一个困难问题。理想情况下应该可以抽取用于描述图像视觉特性的最佳形状特征,但是至今对于形状如何描述还没有正式的框架。从计算的角度来说,一个好的形状特征应该满足对于噪声、遮挡和几何变形的鲁棒性以及对于图像微小变化的稳定性。另外,相似的形状其特征向量应该近似,并且与其他特征向量有较大不同。

图像形状特征提取的前提是图像形状的分割,分割产生的形状可以通过各种内部参数(如形状参数、偏心率、球状性)以及外部参数(空间位置关系等)加以表达,也可以通过提取形状的边界表示形状。二维形状可以用两种不同的方式来描述。第一种方法是用目标的边界和边界的特征(如边界长度、曲率、傅里叶描述子等)来描述。第二种方法是用目标在图像内所覆盖的区域描述形状,这种方法来自区域分隔,其描述结果称为目标内部描述(图 2.3)。下面对这两种方法分别进行介绍。

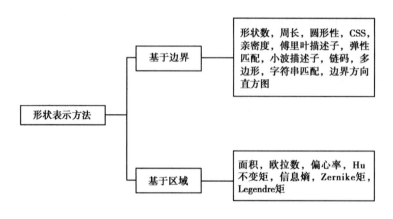

图 2.3　形状描述方法分类

2.6.1　边界表达

边界表达的形式有链码、标记、多边形等。

1)链码

Cortelazzo 等人早期用链码串来描述商标的形状特征,链码是对边界的一种编码表达方法,是利用一系列具有特定长度和方向的相连的直线来表示目标的边界。通过边界的搜索等算法的处理,所获得的输出最直接的方式是各个边界点像素的坐标,也可用一组被称为链码的代码来表示,这种链码组合的表示既利于有关形状特征的计算,也利于节省存储空间。

对于离散的数字图像而言,区域的边界轮廓可以理解为相邻边界像素点之间的单元连线逐段相连而成。对于图像中的像素点而言,它必然有 8 个方向的邻域:正东、东北、正北、西北、正西、西南、正南、东南,显然在某个像素点处的边界只能在上述几个方向延伸,对每一个方向赋以一种码表示,如上面 8 个方向分别对应 0、1、2、3、4、5、6、7,这些码称为方向码。

假如我们从某个起点开始,将区域边界的走向按上面的编码方式记录下来,可形成如下的序列:$a_1 a_2 a_3 \cdots a_n$,其中 $a_1 \sim a_n$ 的取值为 0 到 7,这一序列称为链码的方向链。若以图像边界 S 点为出发点,按逆时针方向所取得的方向链显然与按顺时针方向取得的方向链有所不同。因此,边界链码具有行进的方向性。

有了链码的方向链后,再加上一些标识码,即可构成链码,通常的标识码会加上特殊专用的链码结束标志,如采用"!"作为结束标志。

2)标记

标记是边界一维泛函表达。产生标记的方法有很多,最简单的是对给定的物体求出重心,然后把边界点与重心的距离作为角度的函数,就得到一种标记。不管用什么方法产生标记,其基本思想都是把二维的边界用一维的比较容易描述的函数形式来表达。

3)多边形

实际应用中的数学边界常由于噪声、采样等因素的影响而有许多不规则处,这些不规则处常对链码的边界段产生较明显的干扰。一种抗干扰更好而且节省存储空间的方法就是用多边形近似逼近边界。

2.6.2　边界描述

1)边界的简单描述符

边界的长度是边界所包围轮廓的周长。有 4-方向连通边界和 8-方向连通边界两种表示方法。边界的直径是边界上相隔最远的两个点之间的距离,即该两点之间的直线段长度,有时也称为边界的主轴或长轴。

2）矩

矩是一种完备的数学表示，其优点是能够直接作用于包含感兴趣目标的目标区域而不需事先把目标分离出来。区域的矩是用所有属于区域内的点计算出来的，因而受噪声的影响较小，矩在图像检索中得到了广泛的应用。任意一个给定的曲线，都可以表示成一个一维函数 $f(r)$，这里 r 为任意变量，取遍曲线段上所有点，进一步可以把 $f(r)$ 的线下面积归一化成单位面积并把它看成一个直方图，则 r 变成一个随机变量。可以用由曲线段得到的矩来描述该曲线段。设曲线段包含 L 个点，则 $f(r)$ 的均值为：

$$m = \sum_{i=1}^{L} r_1 f(r_1) \tag{2.6}$$

$f(r)$ 对均值的 n 阶矩为：

$$\mu_n(r) = \sum_{i=1}^{L} (r_1 - m)^n f(r_1) \tag{2.7}$$

3）傅里叶描述符

用边界的离散傅里叶变换也可以描述边界，采用傅里叶描述符的一个优点是将二维问题转化为一维问题。

先考虑一个由 N 个点组成的封闭边界，从任一点开始绕边界一周就得到一个复数序列：

$$s(k) = u(k) + jv(k) \quad k = 0, 1, \cdots, N-1 \tag{2.8}$$

$S(k)$ 的离散傅里叶变换是：

$$S(\omega) = \frac{1}{N} \sum_{k=0}^{N-1} S(k) \exp\left(\frac{-j2\pi\omega\kappa}{N}\right) \quad \omega = 0, 1, \cdots, N-1 \tag{2.9}$$

$S(\omega)$ 称为边界的傅里叶描述，其傅里叶反变换是：

$$S(k) = \sum_{\omega=0}^{N-1} S(\omega) \exp\left(\frac{-j2\pi\omega\kappa}{N}\right) \quad k = 0, 1, \cdots, N-1 \tag{2.10}$$

设只利用 $S(\omega)$ 的前 M 个系数，这样可得到 $S(k)$ 的一个近似：

$$S(k) = \sum_{\omega=0}^{M-1} S(\omega) \exp\left(\frac{-j2\pi\omega k}{N}\right) \quad k = 0, 1, \cdots, N-1 \tag{2.11}$$

注意,上面 k 的范围不变,即在近似边界上的点数不变,但 ω 的范围缩小了。傅里叶变换的高频分量对应一些细节,而低频分量对应总体形状,可以用一些对应低频分量的傅里叶系数来近似地描述边界形状。

2.6.3　区域表达

用目标覆盖的区域表达形状,则需要把图像分割成几个具有某种均匀一致性的区域。在实际中往往存在一些具有某种均匀一致性的区域,如灰度、纹理等分布的均匀一致性。这种一致性构成的特征量可用于区分图像的各个区域。图像分割就是利用这些特征量检测区域的一致性,从而达到将图像分割成不同区域的目的。下面简单介绍一些区域表达的方法。

1)空间占有数组

具体方法:对图像 $f(x,y)$ 中的任一点 (x,y),如果它在给定的区域内,就取 $f(x,y)$ 为 1,否则 $f(x,y)$ 取为 0。所有 $f(x,y)$ 为 1 的点组成的集合就代表区域。这种方法的缺点是占用空间较大,是一种逐点表示的方法。区域面积越大,表示该区域所需的比特数就越多。

2)四叉树

四叉树表达是一种金字塔式的数据结果。当图像是方形的,且像素点的个数是 2 的整数次幂时,四叉树法最合适。四叉树表示的优点是容易生成。缺点是结构在树中级别确定以后,分辨率不可能进一步提高。另外,四叉树的运算只能在同级节点进行。

3)骨架

骨架是用一个点与一个点集合的最小距离来定义的,即:

$$d_s(p,B) = \inf\{d(p,z) \mid z \subset B\} \tag{2.12}$$

根据该式求区域骨架需要计算所有边界点到区域内部所有点的距离,因而计算量很大。

2.6.4 区域描述

1）简单描述

区域的面积是区域的一个基本特征，它描述区域的大小。对区域 R 来说，设正方形像素的边长为单位长，则其面积 A 的计算公式如下：

$$A = \sum_{(x,y) \in \mathbf{R}} 1 \tag{2.13}$$

可见计算区域面积就是对属于同一区域的像素计数。对同一区域用不同的面积计算方法可得到不同的结果。可以证明，利用对像素计数的方法来求区域面积，不仅最简单，而且是对原始模拟区域面积的最好估计。

区域重心是一种全局描述符，区域重心的坐标是根据所有属于区域的点计算出来的：

$$\bar{x} = \frac{1}{A} \sum_{(x,y) \in \mathbf{R}} x \qquad \bar{y} = \frac{1}{A} \sum_{(x,y) \in \mathbf{R}} y \tag{2.14}$$

尽管区域内各点的坐标是整数，但区域重心的坐标常不为整数。在区域本身的尺寸与各个区域间的距离相对很小时，可将区域用位于其重心坐标的质点来近似代表。

2）形状描述符

形状参数（Form Factor）F 是根据区域的周长和区域的面积计算出来的：

$$F = \frac{\|B\|^2}{4\pi A} \tag{2.15}$$

形状数在一定程度上描述了区域的紧凑性（compactness），它没有量纲，所以对尺度变化不敏感。但在有些情况下，仅靠形状数并不能把不同形状的区域区分开。

偏心率（eccentricity）E 也叫伸长度（elongation），它在一定程度上描述了区域的紧凑性。偏心率有多种计算公式，一种常用的计算方法是计算长轴和短轴长度的比值，它不受区域平移、旋转和尺度变化的影响。偏心率可以定义为：

$$E = \frac{((\mu_{20}) - (\mu_{02}))^2 + 4(\mu_{11})^2}{((\mu_{20}) - (\mu_{02}))^2} \tag{2.16}$$

其中 μ_{pq} 为图像的 $p+q$ 阶矩。

圆形性(circularity) C 是一个用区域 R 所有边界点定义的特征量,其幅值反映了被测量边界的复杂程度。越复杂的形状取值越大。例如,它对圆形计算时取最小值 4π,而正方形的圆形性为 16,正三角形的圆形性为 $12\sqrt{3}$。圆形性特征不受区域平移、旋转和尺度变化的影响。子块的圆形性特征定义为:

$$C = \frac{\mu_R}{\sigma_R} \tag{2.17}$$

其中, μ_R 为从区域重心到边界点的平均距离, σ_R 为从区域重心到边界点的距离的均方差,即

$$\mu_R = \frac{1}{K}\sum_{k=0}^{K}\left\| (x_k, y_k) - (\bar{x}, \bar{y}) \right\| \tag{2.18}$$

$$\sigma_R = \frac{1}{K}\sum_{k=0}^{K}\left[\left\| (x_k, y_k) - (\bar{x}, \bar{y}) \right\| - \mu_R \right]^2 \tag{2.19}$$

特征量 C 当区域 R 趋向圆形时是单增趋向无穷的,它不受区域平移、旋转和尺度变化的影响,也很容易推广以描述二维目标。

3)Hu 不变矩组描述子

1962 年,Hu 证明了利用二阶和三阶中心几何矩组成的 Hu 矩组,在物体平移、缩放和旋转时保持不变。Jain 等人将 Hu 矩组用于商标图像检索,取得了不错的检索结果。由于低阶矩对噪声和量化误差不敏感,所以低阶矩为描述区域提供了一种虽不完备却有用的总体表示。用图像的二阶和三阶规格化中心矩导出的由 7 个不变矩组成的不变矩组,称为 Hu 不变矩。Hu 证明了这个矩组中的前 6 个不变矩对于图像的平移、旋转和尺度变化都具有良好的不变性,而第 7 个不变矩只具有尺度和平移不变性。Hu 不变矩具有的良好不变性,使它在图像的识别和检索中都得到了广泛的应用。

当一个区域是以内部点的形式给出时,矩可以用来作为一种区域描绘子。给定二维连续函数 $F(x, y)$,其 $(p+q)$ 阶矩定义为:

$$m_{pq} = \int_{-\infty}^{+\infty}\int_{-\infty}^{+\infty} x^p y^q F(x, y)\,\mathrm{d}x\mathrm{d}y \tag{2.20}$$

其中 $p, q = 0, 1, 2, \cdots$。唯一性定理证明,如果 $F(x, y)$ 是分段连续的,并且只在 xy 平面的有限部分中有非零值,则所有各阶矩皆存在,并且矩序列 m_{pq} 唯一地被

$F(x,y)$ 所确定,反之, m_{pq} 也唯一地确定了 $F(x,y)$。其 $(p+q)$ 中心矩可以定义为:

$$\mu_{pq} = \int_{-\infty}^{+\infty} \int_{-\infty}^{+\infty} (x-\bar{x})^p (y-\bar{y})^q F(x,y) \mathrm{d}x\mathrm{d}y \qquad (2.21)$$

其中 $(\bar{x},\bar{y})$ 表示重心点的坐标。如果假定所给函数 $F(x,y)$ 在每一点 (x,y) 处的 $F(x,y)$ 值是在 (x,y) 点的"质量",那么就可以定义 $F(x,y)$ 的重心点 $(\bar{x},\bar{y})$ 为:

$$\bar{x} = \frac{\int_{-\infty}^{+\infty} \int_{-\infty}^{+\infty} xF(x,y)\mathrm{d}x\mathrm{d}y}{\int_{-\infty}^{+\infty} \int_{-\infty}^{+\infty} F(x,y)\mathrm{d}x\mathrm{d}y}$$

$$\bar{y} = \frac{\int_{-\infty}^{+\infty} \int_{-\infty}^{+\infty} yF(x,y)\mathrm{d}x\mathrm{d}y}{\int_{-\infty}^{+\infty} \int_{-\infty}^{+\infty} F(x,y)\mathrm{d}x\mathrm{d}y} \qquad (2.22)$$

因此有:

$$\bar{x} = \frac{m_{10}}{m_{00}}, \quad \bar{y} = \frac{m_{01}}{m_{00}} \qquad (2.23)$$

中心矩以重心作为原点计算得到,因此,中心矩具有位置无关性。

对于离散的数字图像 $f(x,y)$,可以用求和代替积分来计算中心矩:

$$m_{pq} = \sum_x \sum_y x^p y^q f(x,y) \qquad (2.24)$$

$$\mu_{pq} = \sum_x \sum_y (x-\bar{x})^p (y-\bar{y})^q f(x,y) \qquad (2.25)$$

这里,中心矩表示图像内灰度相对于灰度重心是如何分布的。图像的规格化中心矩记作 η_{pq},定义为:

$$\eta_{pq} = \frac{\mu_{pq}}{\mu_{00}^r} r = \frac{p+q}{2}, \quad p+q = 2,3\cdots \qquad (2.26)$$

规格化中心矩在物体缩放、平移和旋转时保持不变。利用二阶和三阶规格中心矩可以导出下面 7 个不变矩组,即 Hu 不变矩组:

$$\phi_1 = \eta_{20} + \eta_{02} \qquad (2.27)$$

$$\phi_2 = (\eta_{20} - \eta_{02})^2 + 4\eta_{11}^2 \qquad (2.28)$$

$$\phi_3 = (\eta_{30} - 3\eta_{12})^2 + (3\eta_{21} + \eta_{03})^2 \qquad (2.29)$$

$$\phi_4 = (\eta_{30} + \eta_{12})^2 + (\eta_{21} + \eta_{03})^2 \tag{2.30}$$

$$\phi_5 = (\eta_{30} - 3\eta_{12})(\eta_{30} + \eta_{12})[(\eta_{30} + \eta_{12})^2 - 3(\eta_{21} + \eta_{03})^2] +$$
$$(3\eta_{21} - \eta_{03})(\eta_{21} + \eta_{03})[3(\eta_{30} + \eta_{12})^2 - (\eta_{21} + \eta_{03})^2] \tag{2.31}$$

$$\phi_6 = (\eta_{20} - \eta_{02})[(\eta_{30} + \eta_{12})^2 - (\eta_{12} + \eta_{03})^2] +$$
$$4\eta_{11}(\eta_{30} + \eta_{12})(\eta_{21} + \eta_{03}) \tag{2.32}$$

$$\phi_7 = (3\eta_{12} - \eta_{30})(\eta_{30} + \eta_{12})[(\eta_{30} + \eta_{12})^2 - 3(\eta_{21} + \eta_{03})^2] +$$
$$(3\eta_{21} - \eta_{03})(\eta_{21} + \eta_{03})[3(\eta_{30} + \eta_{12})^2 - (\eta_{12} + \eta_{03})^2] \tag{2.33}$$

图像的 Hu 不变矩特征为:

$$\phi = \{\phi_1, \phi_2, \phi_3, \phi_4, \phi_5, \phi_6, \phi_7\} \tag{2.34}$$

2.7　其

在图像检索中,除了颜色、纹理和形状这几个基本的视觉特征外,还有其他的一些特征,如图像中各个对象的空间关系以及轮廓特征等。

相对位置反映了一幅图像中的各个子图像相对于全局重心的位置,即各个子图像的重心到整幅图像重心的距离:

$$d_i = |(\bar{x}_0, \bar{y}_0) - (\bar{x}_i, \bar{y}_i)| \tag{2.35}$$

其中$(\bar{x}_0, \bar{y}_0)$为$f(x,y)$的重心,$(\bar{x}_i, \bar{y}_i)$表示第 i 个子图像的重心。考虑到尺度变化的影响,需要对距离进行归一化,即

$$d_i = \frac{|(\bar{x}_0, \bar{y}_0) - (\bar{x}_i, \bar{y}_i)|}{\sum_{(x,y) \in B_0} 1} \tag{2.36}$$

其中$\sum_{(x,y) \in B_0} 1$表示子图像的面积,用于对距离进行归一化,使距离特征不受尺度变化的影响。

Wing 等人提出用轮廓特征进行商标图像检索,对每幅图像需要判断是用提边缘的方法还是细化求骨架的方法提取轮廓特征。Liu 等人使用直角坐标的方法对物体之间的关系进行了分级性表示,既有粗略的表示法又有精确的表示法。

Sistla 等人定义了一套基本关系集来表达空间关系,主要包括上、下、左、右、前、后等。另外由于在很多情况下,人们感兴趣的并不是整幅图像,而是图像中的某些区域或者目标,因此通常先进行分割,然后再利用感兴趣的部分进行检索。

由于颜色、纹理的检索仅适合部分图像检索的情况,且检索的正确率不高,而且在很多情况下,人们感兴趣的并不是整幅图像,而是图像中的某些目标或区域。因此,近几年来人们提出了基于区域或目标的图像表示和检索方法。采用一种特征的图像检索方法缺乏足够的信息区角度,当图像数据库较大时,需要提取图像的各种特征用于检索。

综合对以上几种方法的分析,考虑到商标图像的颜色信息不能作为区分不同商标图像的依据,所以本书研究的都是二值商标图像。对于单色的、无纹理的二值图像,无法使用颜色和纹理特征,此时图像的检索只有依赖于形状匹配,所以本书研究的是基于形状的二值商标检索。

2.8 图像检索性能的评价

图像检索系统能否为用户提供满意的检索服务,就要看系统的效果了。如何评价一个系统的检索性能,到目前为止,还没有一个统一的评价准则。有些系统采用找到相似图像的"耗费时间"来评价系统的性能;也有一些检索系统使用查准率和查全率作为评价准则;还有使用前幅结果图像中检索出目标图像的百分率的方法。这些评价方法还不能全面地反映系统的检索性能。图像内容表达的主观性和缺少统一的测试数据集、查询条件,使得我们很难定义一个最有效的评价准则。

目前的系统的检索结果性能评价比较通用的两个准则是响应时间和有效性,分别代表检索的速度和查找与待检索图像相似的图像的成功率。当前对图像检索效果的评价主要是检索结果是否完全、是否准确,即有效性。

本书主要介绍查准率和查全率两个定量指标来衡量检索性能。

查准率和查全率,通过检索得到的结果有两种可能,一种是与待检索图像相似的图像被检索出来,另一种是与待检索图像不相似的图像被检索出来。没有被检索出来的图像也有两种可能,一种是与待检索图像相似但没出现在检索结果中,另一种是与待检索图像无关的。我们可以针对以上分析定义查全率和查准率来评价某一次检索的效果。查全率反映检索的全面性或检索出相似图像的能力,查准率反映检索的准确性或不检索出无关图像的能力。

如果单独使用查全率和查准率其中的一个,那么包含的信息都是不全面的。如果给出的结果图像数量较多,那么检索的查全率相应地会越高,而查准率可能呈下降趋势。类似地,如果给出的结果图像较少,则可以获得较高的查准率。因此,查准率和查全率需要同时使用才能全面反映检索的性能,在给出查准率时需要给出相应的查全率。

图像检索算法的性能评价主要包括计算复杂度和检索效率两方面。计算复杂度是指提取用于检索操作的特征矢量的计算时间及特征矢量间相似度匹配的计算时间,其中相似度匹配的计算复杂度是决定一个检索算法是否快速的关键。检索效率关系到检索算法的优化和检索系统的规范化问题,包括查全率和查准率,前者反映了系统检索相关图像的能力,后者反映了系统拒绝不相关图像的能力。查全率又称为正确匹配率,查准率也称为匹配精度。此外,还常使用误匹配率作为检索评价准则。

目前提出的评价准则的共同点在于每幅待检索的输入图像在数据库中的相似图像子集,都是通过人工参与提前确定的。在实际的评价过程中,从图像数据库中随机选取一定数量的图像进行检索操作,对检索输出结果进行统计得出最终的检索效率指标。通常采用的评价准则有如下 3 种。

2.8.1　评价准则 A

在评价准则 A 中,每一幅输入图像都检索出足够数量的匹配图像,对所有检索输出结果,统计相似图像在输出序列中的位置,并计算出相应的序(RANK)矢量。例如一个典型的序矢量为 $[85\%, 10\%, 5\%, 0\%]$,表明相似图像出现在检输出序列的第一位、第二位和第三位的统计概率分别为 85%、10% 和 5%。而对于不同的检索算法效率,则可以比较它们的序矢量。

2.8.2 评价准则 B

在评价准则 B 中,根据检索输出的结果计算如下参数:

a——检索出的相似图像的个数;

b——未被检索出的相似图像的个数;

c——检索出的不相似图像的个数;

d——剩余图像个数($d = N-a-b-c$),N 为图像总数。

用参数 a、b、c、d 分别计算检索的正确匹配率(Recall)、匹配精度(Precision)和误匹配率(Fallout),以此作为检索评价准则。其计算公式如下:

Recall $= a/(a+b)$

Precision $= a/(a+c)$

Fallout $= c/(c+d)$

2.8.3 评价准则 C

评价准则 C 定义如下:假定具有 M 幅图像的数据库中,每一幅图像 i 在库中有 N_i($1 \leqslant i \leqslant M$)幅相似图像。对每一输入图像 i 进行检索操作,输出(N_i+T)幅匹配图像,计算总体的检索效率。

上述性能评价准则中,评价准则 A 需要比较不同检索算法的序矢量来获得结果;评价准则 B 需要衡量 3 个不同的评价参量;评价准则 C 能够在特定的冗余量下给出明确的检索效率数值,因而更直观,所以被较多采用。

2.9　人机接口及相关反馈

人机交互(Human-Computer Interaction,HCI) 在图像检索中起着重要的作用。新一代人机交互接口将以友好的方式表达用户的检索意图为目标,研究如何充分利用人类的感觉器官,提供拟人化的交互方式。此外,还需要研究如何采用相关反馈技术进一步获取用户的真实需求,以消除图像低层视觉特征和高层语义之间的鸿沟,优化查询结果,提供个性化检索服务。

2.9.1　友好的人机交互接口

迄今为止,人机交互接口的发展大致经历了以下 4 个阶段:

第 1 阶段,基于键盘和字符显示器,交互手段为键盘、字符显示屏幕,交互模式为文字、符号、键控命令;

第 2 阶段,基于鼠标和图形显示器,交互手段为鼠标、图形显示屏幕,交互模式为字符、图形、图像;

第 3 阶段,基于多媒体技术,交互手段为多媒体输入、喇叭、头盔显示器(HMD),交互模式为声音、图像、语音;

第 4 阶段,基于多模态(Multimodal) 技术,交互手段为多模态感知输入、Agent、三维虚拟环境、自动知识获取,交互模式为自然对话、手势表情、个性化检索服务。

近年来,随着虚拟现实、计算机视觉、三维可视化、语音处理及图像处理等技术的发展,形成了一个新的研究领域——多模态人机交互。多模态人机交互以用户为中心,融合了多种媒体、通道,利用多个输入模态,以自然、并行、协作的方式进行人机对话。多媒体人机交互通过整合各种精确的和不精确的输入来表达用户的交互意图,从而提高人机交互的自然性和高效性。输入模态由人类感知和计算机输入设备构成。视觉模态包括人机交互中用视觉信息进行表达的各种形式;听觉模态指的是交互采用的可听形式(包括多语言输入)。使用多模态技术可以构造多种接口,其中最重要的是感知接口(Preception Interface)和注意力接口(Attention Interface)。

感知接口是一个能够与计算机进行丰富、自然、高效交互的多模态接口,对那些不灵活的标准接口以及通用 I/O 设备,如键盘、鼠标和显示屏提供了感觉(输入)和描述(输出)方面的支持。注意力接口是一种上下文感知接口,输入的是人的注意力,通过使用收集到的信息,估算出与用户交流的最佳时间和方法。

2.9.2　相关反馈

由于图像的视觉内容与语义内容之间存在语义鸿沟,检索结果往往不尽如人意,由此提出采用相关反馈(Relevance Feedback,RF)技术来优化检索结果。相关反馈是一个交互式的渐进过程,把用户的参与引入检索过程中,通过多次交互反馈信息,获取用户的查询意图,从而提高检索性能。按照最初的检索条件,检索系统返回检索结果,用户可以显式地选择几个最符合其检索意图的返回结果(正反馈),也可以选择最不符合的检索结果(负反馈),或是利用用户以往的检索习惯记录在后台进行筛选(隐式的)。这些反馈信息送回系统以更新检索条件,重新进行检索。

相关反馈技术同时减轻了用户和系统的负担。一方面,相关反馈使用户通过标记图像来反映其检索意图和侧重;另一方面,计算机在检索中无须去理解图像的高层语义,而是通过相关反馈直接将高层语义信息嵌套在用户的反馈信息中。对于图像低层视觉特征和高层语义之间的鸿沟,相关反馈技术提供了一种从用户那里去进一步挖掘检索需求信息的有效方法,通过多次信息回馈来获取用户的确切要求。在不依赖能够辨识图像的高层语义和人们的主观理解的情况下,用户的反馈信息提供了一个学习查询语义的方法,但相关反馈的效果很大程度依赖于友好的人机交互方式。

2.10　本章小结

　　本章对 CBIR 用到的相关技术进行了介绍,介绍了 CBIR 的主要特征,包括颜色、纹理、形状及其他特征,并对形状的提取作了详细的介绍。基于内容的图像检索发展到今天,其主要技术成果的思路是从图像中分析抽取底层视觉特征(如图像的颜色、纹理、形状、空间关系等)来衡量图像之间的相似度,以实现基于内容的检索,在底层的视觉特征上,特征的提取主要采用计算机视觉和数字图像处理技术,而图像相似性的匹配主要利用模式识别技术。但是从基于内容的图像检索发展的初衷来看,是根据图像的内容来衡量图像之间的相似度以实现图像的检索。

第3章 基于距离分布信息熵的商标图像检索

商标是商品的重要标识,代表了商品的质量和生产厂家的信誉,因此商标在工业和商业领域的地位不言而喻。近年来,注册商标的数目不断增加,为了加强商标管理,保护商标的专用权以及维护商标的信誉,开发出一种准确并且高效的商标图像检索系统显得非常重要。

迄今为止,已经提出许多商标图像的检索方法,概括来说,主要分为基于图像边界的方法和基于图像区域形状的方法。郭丽等人提出距离分布直方图二值图像检索方法。该方法虽然可以抓住总体的形状信息,但是没有考虑目标子区域内像素是如何分布的,因此形状不同的图像也可能产生相似的距离分布直方图。信息熵是描述图像形状特征的重要方法,基于此,周丽华等人采用单元信息熵的方法来检索二值图像,该方法具有良好的视觉一致性、比例不变性、抗噪声性和抗浓淡性,但是由于将图像划分成多个矩形子图像,当图像发生旋转时,所提取的单元图像的信息熵无法与原来的单元图像的信息熵对应,所以该方法不能有效地检索旋转图像。

本章针对以上两种方法的不足,从信息熵的角度出发,提出距离分布信息熵的方法,首先对目标区域采取同心圆的区域划分方法,将图像划分成多个圆环形的子图像,然后提取子图像的信息熵,从而解决了旋转图像的检索问题,实验结果表明该方法是有效的。

3.1　二值商标图像

二值图像中,白色像素点(背景点)和黑色像素点(目标点)的交错分布构成了各种各样的目标形状。在对二值图像形状的描述中,目标像素点的区域分布是很重要的信息。对于两幅相似的二值图像来说,目标像素点的区域分布应该也是相似的,如图 3.1 所示,其中图 3.1(a)和图 3.1(c)为两幅相似的二值商标图像,图 3.1(b)和图 3.1(d)分别对应图 3.1(a)和图 3.1(c)的区域分布。将两幅商标图像用同样的区域划分方法划分为 6 个区域,比较各个对应区域的像素分布情况,可以发现,它们在对应区域的像素分布是相似的,比如区域 1 和 6 均为背景区域。利用类似这样的像素区域分布信息,就可以从商标图像库中检索出与目标图像相似的图像来。

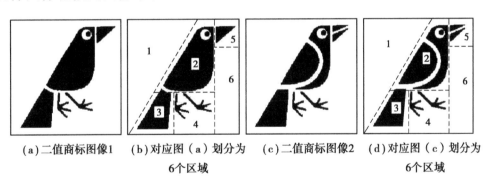

(a)二值商标图像1　(b)对应图(a)划分为　(c)二值商标图像2　(d)对应图(c)划分为
　　　　　　　　　　6个区域　　　　　　　　　　　　　　　　　6个区域

图 3.1　二值商标图像及其区域分布

但是这种区域划分方法存在如下问题:首先,如果对任意的图像均固定区域划分的位置,则当图像发生平移和尺度变化的时候,像素在图像中的位置分布会产生很大的变化,使得因此得到的区域分布信息不能正确地反映目标像素在空间的分布特征。其次,对图像进行旋转变化后,原来的划分方法显然不适于对新得到的图像进行划分。图 3.2 给出了对图 3.1(a)进行刚性变化后得到的图像,其中图 3.2(a)为平移变化图像,图 3.2(b)为尺度变化图像,图 3.2(c)为旋转变化图像。显然,对每一种变化图像,采取固定位置的区域划分方法来描述目标像素在空间不同区域的分布情况,所得到的结果与原图像的空间区域分布都不相同。如平移变化图像中区域 1 包含目标像素,不再是背景区域,尺度变化图像中区域 5 变成背景区域,旋转变化图像中区域 1 和 6 都包含了目标像素。因此,用这种区域划分方法不能很好地刻画图像的形状特征。如何对图像进行合理的区域划分,使得抽取得到的特征既能反映图像的形状特征,又能对图像的刚性变化不敏感,便成为一个值得研究的问题。

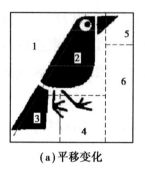 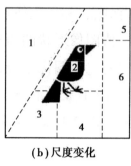 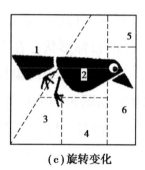

(a)平移变化   (b)尺度变化   (c)旋转变化

图 3.2   刚性变化图像

3.2   距离分布信息熵

3.2.1   目标区域的提取

二值商标图像 $f(x,y)$ 仅由 0、1 两种像素组成,假设其中 0 代表白色像素(背景像素),1 代表黑色像素(目标像素)。通常情况下,目标像素都没有将图像填满,而只占据图像中的部分区域,这部分区域称为目标区域,即目标区域为原图像的一个子区域,目标区域为原图像的一个子区域,即区域中包含了图像中的所有目标像素。

对于目标区域,可以有各种各样的定义。一种最简单的方法是定义目标像素的水平方向最小外接矩形为图像的目标区域。找出目标像素对应的最小外接矩形即锁定了图像的目标区域,如图 3.3 所示,右边图像中的黑色矩形即为最小外接矩形。

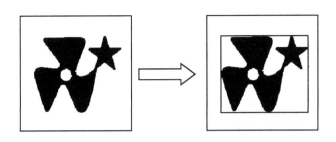

图 3.3 提取图像中的目标区域（最小外接矩形）

提取最小外接矩形作为目标区域的方法实现起来比较简单。对于图像的平移和尺度变化来说，外接矩形与图像的相对关系是保持不变的，也就是说，具有很好的平移和尺度不变性。但是，当图像进行旋转变化时，目标像素的最小外接矩形会发生变化，与原有的外接矩形在位置上有很大不同。图 3.4 给出了对旋转变化后的图像提取最小外接矩形的例子，其中水平方向的黑色矩形为目标像素的最小外接矩形（即图像的目标区域），而灰色填充区域则为原图像的目标区域，显然两者有很大差异。因此，简单地选取最小外接矩形作为目标区域的方法具有一定的局限性，本章采用一种基于目标像素外接圆的目标区域提取方法。

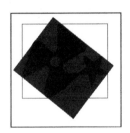

图 3.4 旋转后图像的目标区域（最小外接矩形）

首先，选取二值商标图像 $f(x,y)$ 的重心点 $(\bar{x},\bar{y})$ 作为基准点，其中

$$\bar{x} = \frac{M_{10}}{M_{00}} \qquad \bar{y} = \frac{M_{01}}{M_{00}} \tag{3.1}$$

$$M_{jk} = \int_{-\infty}^{\infty} \int_{-\infty}^{\infty} x^j y^k T(x,y)\, \mathrm{d}x \mathrm{d}y$$

M_{jk} 为 $f(x,y)$ 的 $(j+k)$ 阶矩。选择重心点是因为区域的重心是一种全局描述符，它的坐标是根据所有属于区域的点计算出来的，具有全局性。

其次，以重心为基准点，计算图像中各个目标像素点到基准点的距离，以重心为基准点计算出的距离显然对目标区域的平移变化毫不敏感，像素点 (x_i,y_i) 到重心 $(\bar{x},\bar{y})$ 的距离为：

$$d_i = \sqrt{(x_i - \bar{x})^2 + (y_i - \bar{y})^2} \tag{3.2}$$

设图像中所有目标像素点到基准点的最大距离为 D_{MAX}，则有：

$$D_{MAX} = \max(d_i), \quad i = 1 \sim L \tag{3.3}$$

其中 L 为图像中含有目标像素点的总个数。

最后，以重心为圆心，以 D_{MAX} 为半径，作目标像素区域的外接圆，这个外接圆可以作为图像的目标区域。

图 3.5 给出了对图像提取外接圆作为目标区域的例子，其中图 3.5(a)为对原图像提取的目标区域，图 3.5(b)为对旋转后的图像提取的目标区域，白色区域是背景区域，中间灰色的圆形区域为目标区域。从图中可以看出，图像经过旋转变化后，目标像素点的位置发生了改变，但是以重心为圆心的外接圆与像素的相对位置并没有发生改变，也就是说提取的目标区域不受旋转变化的影响，具有较好的旋转不变性。

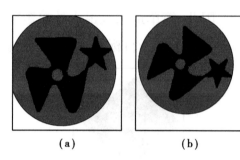

(a)   (b)

图 3.5　提取图像中的目标区域（外接圆）

3.2.2　信息熵

在信息论中用专用名词"信息"来表示先验不肯定性。也就是说，信息蕴含于不肯定性之中，而不肯定性在概率论中是用随机事件或随机变量来描述的。就随机场比较，基本事件个数相同者，以等概率分布场平均信息量最大。假设有一个有限事件集 $A = \{a_1, a_2, \cdots, a_n\}$，其中各事件的出现相互独立，而且出现的概率分别为 $P = \{p_1, p_2, \cdots, p_n\}$，把它们写在一起便称为概率空间：

$$X = \begin{Bmatrix} a_1, a_2, \cdots, a_n \\ p_1, p_2, \cdots, p_n \end{Bmatrix} \tag{3.4}$$

其中 $p_i \geqslant 0$，且 $\sum\limits_{i=1}^{n} p_i = 1$。事件集中某一事件 a_i 的信息量用 I_i 表示，为：

$$I_i = \log\frac{1}{p_i}, \quad 1 \leqslant i \leqslant n \tag{3.5}$$

把这种信息量称为某事件的自信息量。香农将整个事件集的平均信息量定义为熵：

$$E(X) = -\sum\limits_{i=1}^{n} p_i \log_2 p_i \tag{3.6}$$

如果 $p_i = 0$，即表示不可能事件，或者说事件根本不会发生，也就谈不上有信息可言，因此规定：

$$0 \log_2 0 = 0$$

Shannon 熵具有以下两个重要的性质：

- 确定性，即在概率空间中，如果有两个事件，若其中一个是必然事件，另一个则是不可能事件，因此没有不肯定性，熵必为零。
- 极值性，在概率空间中，任意基本事件的出现概率相等时，不肯定性最大，此时的熵也最大。

对于数字图像而言，图像由像素组成。不同灰度的像素出现次数的不同及其分布空间位置的不同，使得图像呈现各种各样不同的形状。因此，不同形状的图像所包含的熵也是不尽相同的，故而可以用熵来描述图像的形状特征。假设一幅 $M \times N$ 的图像 $f(x,y)$，$f(x,y)$ 表示 (x,y) 处像素的灰度值。图像像素的灰度值经量化后有一定的取值集合，将这个集合的熵定义为图像的信息熵。若令 $f(x,y)$ 的取值集合为 $f(x,y) = \{k_1, k_2, \cdots, k_L\}$，各灰度值在图像中出现的概率分别为 $P = \{p_1, p_2, \cdots, p_L\}$。根据数字图像的性质可知，$f(x,y)$ 中各灰度值的出现是相互独立的事件，而且各个灰度值出现的概率满足条件

$$p_i \geqslant 0, \text{且} \sum\limits_{i=1}^{L} p_i = 1$$

因此根据式(3.6)可知该幅图像所包含的信息熵为：

$$E = (p_1, p_2, \cdots, p_L) = -\sum\limits_{i=1}^{L} p_i \log_2 p_i \tag{3.7}$$

由熵的定义和性质可以知道，当一幅图像中只包含一种灰度值的像素时，无论像素位置如何变化，图像的形状如一，没有不肯定性，因此此时图像所包含的

信息熵为零；相反，当图像中所有灰度值在图像中出现的概率相等时（即各个灰度值的像素点在图像中出现的个数相同时），图像形状的不确定性最大，具有极值性。在此，我们研究的对象是二值商标图像，$f(x,y)$ 的取值只有 0 或 1 两种灰度值，因此二值图像的信息熵可以写成：

$$E(p_0,p_1) = -p_0 \log_2 p_0 - p_1 \log_2 p_1 \qquad (3.8)$$

其中 p_0 和 p_1 分别表示灰度值为 0 和 1 的像素在图像中出现的概率。

$$p_1 = \frac{\sum\limits_M \sum\limits_N f(x,y)}{M \times N}, \quad p_0 = 1 - p_1$$

3.2.3 区域划分

对图像的目标区域（即外接圆）进行区域划分，采用同心圆的划分方法。如果固定同心圆的半径大小，则由于图像库中的图像大小可能不同，并且即使图像的大小均相同，但是目标区域的大小不一样，对应的外接圆的半径可能不等。另外，一幅图像经过缩放后，显然对应的外接圆半径与原图像的不同。因此，可以将图像划分为相同个数（M）的子图像 $t_1(x,y), \cdots, t_i(x,y), \cdots, t_M(x,y)$，$1 \leq i \leq M$，$t_i(x,y) \subset T(x,y)$，其中 $t_1(x,y)$ 为一个中心圆，$t_2(x,y) \sim t_M(x,y)$ 为多个同心圆环。

子图像的圆形划分方法有两种：一种是等距离区间法，即每个子图像所覆盖的距离区间的长度相等，即：

$$t_i(x,y) = \begin{cases} \left\{ (x,y) \,\middle|\, \sqrt{(x-\bar{x})^2 + (y-\bar{y})^2} \leq \dfrac{D_{MAX}}{M}, (x,y) \in f(x,y) \right\} & (i=1) \\[3mm] \left\{ (x,y) \,\middle|\, \dfrac{(i-1) \times D_{MAX}}{M} < \sqrt{(x-\bar{x})^2 + (y-\bar{y})^2} \right. \\[3mm] \qquad \left. \leq \dfrac{i \times D_{MAX}}{M}, (x,y) \in f(x,y) \right\} & (1 < i \leq M) \end{cases}$$

$$\qquad\qquad\qquad\qquad\qquad\qquad\qquad\qquad\qquad\qquad (3.9)$$

另一种圆形划分法是等面积法，即每个子图像所包含的面积是相等的，即：

$$t_i(x,y) = \begin{cases} \left\{ (x,y) \,\middle|\, (x-\bar{x})^2 + (y-\bar{y})^2 \leqslant \dfrac{D_{MAX}^2}{M}, (x,y) \in f(x,y) \right\} & (i=1) \\[3mm] \left\{ (x,y) \,\middle|\, \dfrac{(i-1) \times D_{MAX}^2}{M} < (x-\bar{x})^2 + (y-\bar{y})^2 \right. \\[3mm] \qquad \left. \leqslant \dfrac{i \times D_{MAX}^2}{M}, (x,y) \in f(x,y) \right\} & (1 < i \leqslant M) \end{cases}$$

$$(3.10)$$

图 3.6 给出了一个圆形划分法的例子,其中图 3.6(a)是一幅二值商标图像,图 3.6(b)给出了等距离区间法划分的结果,图中每个圆环的宽度相同,都等于中心圆的半径。图 3.6(c)给出了等面积法划分的结果,图中每个圆环和中心圆的面积都是相等的。

  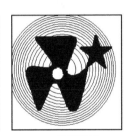

(a)二值商标图像　　　　**(b)等距离区间法**　　　　**(c)等面积法**

图 3.6　圆形划分法

使用圆形划分法得到一系列子图像后,把各个子图像分别当作一个相对的距离区域,每个子图像中的所有像素点到圆心的距离都看成相等的,统计各个子图像中的信息熵,得到各个距离区域的信息熵,即:

$$H\_DD(f(x,y)) = \{dd[1], \cdots, dd[i], \cdots, dd[M]\} \qquad (3.11)$$

其中

$$dd[i] = \sum_{(x,y) \in f_i(x,y)} f(x,y)$$

对距离分布信息熵进行归一化,可以得到归一化的距离分布信息熵,有:

$$H\_DD(f(x,y)) = \left\{ \frac{dd[1]}{\sum\limits_{k=1}^{M} dd[k]}, \cdots, \frac{dd[i]}{\sum\limits_{k=1}^{M} dd[k]}, \cdots, \frac{dd[M]}{\sum\limits_{k=1}^{M} dd[k]} \right\} \qquad (3.12)$$

从距离分布信息熵的产生过程可以看出,任何大小的图像所产生的距离分布信息熵都具有可比性。对于图像的尺度变化,经缩放后的图像与原图像的距离分布信息熵应该是基本相同的。另外,因为采取的是圆形划分法,显然距离分布直方图对图像的旋转变化具有不变性。

3.2.4 相似性度量

在本章中,图像间的相似性用相应特征矢量间的欧氏距离进行度量。待测图像和图像库中的图像对应的距离分布信息熵之间的欧氏距离为:

$$D_E(f^{(o)}, f^{(k)}) = \sqrt{\sum_{i=1}^{M} (E_i^{(o)} - E_i^{(k)})^2} \tag{3.13}$$

3.2.5 算法总结

设 $f(x,y)$ 为二值商标图像,其中 $f(x,y)=1$ 表示目标像素,计算其距离分布信息熵,具体步骤如下:

①计算 $f(x,y)$ 的基准点,即重心 $(\bar{x}, \bar{y})$。

②计算 $f(x,y)$ 中,目标点到基准点的最大距离 D_{MAX}。

③计算 $f(x,y)$ 中,以重心为圆心,以 D_{MAX} 为半径的目标区域。

④使用同心圆的区域划分法将图像的目标区域划分为 M 个子图像。

⑤统计各子图像的信息熵,并进行归一化。

⑥图像的相似性度量。

3.3 CBIR 性能评价准则

早期的系统开发者很少尽力去对他们系统的检索效果加以评价,只是给出一些检索结果的例子来证明系统的性能。如何评价一个系统的检索性能,到目前为止,还没有一个统一的评价准则。现在,有的检索系统使用找到正确图像的"耗费/时间"来评价系统性能,也有的检索系统从基于文字的检索中借用精度和回召率作为评价准则。还有用前 N 幅($N=n_1,n_2,\cdots$)图像中检索出目标图像的百分率的方法。虽然这些准则在一定程度上可以评价系统性能，但是它们远远不能让我们满意。图像内容的主观性使我们难以定义一个好的客观准则，另外，因为缺少在相同数据集和查询条件下对不同检索系统进行有效性的对比实验，也难以确定什么样的评价准则最有效。但是，无论如何，我们需要找到好的评价系统性能的方法以指导研究的正确方向。

为了评价图像检索的不同算法，需要一种有效的性能评价方法。人们已经提出了很多种不同的评价尺度，图像检索性能的评价方法大致可以分为三类：第一类为用户评价的方法，即让用户人为地评价和比较检索的性能；第二类为用一些特征指标来度量，如精度、回召率等；第三类为用图表方式评价的方法。

3.3.1　用户评价

用户评价是一种交互的方法，用户在图像检索后直接判断本次检索是否成功，或者系统给出前后对比的两个或多个检索结果，让用户选择最优的检索结果。由于这种方法需要人工参与，比较消耗时间，因此很难大量地进行。

3.3.2　指标评价

假设图像数据库中包含的总图像数为 n_L ，系统按照与查询图像的相似度以从大到小的顺序输出的结果图像数目为 n_t （一般结果图像的数目＜总图像的数目），数据库中与查询图像相似的总图像或相关图像数为 n_{ts} ，结果图像中与查询图像相似的图像数为 n_s ，它们的位置序号分别为 $\{p_1,\cdots,p_i,\cdots,p_s\}$ ，其中 $0<p_i\leqslant n_t$ 。

1）最优匹配的排序

Berman 和 Shapiro 用最相关的图像（即与查询图像最相似的图像）是否在前50 幅或前 500 幅图像中出现进行评价，其中 50 幅表示显示器一屏可以容纳的图像，500 幅则是用户在浏览图像时最多可能观看的图像数目的一种估计，最相关的图像序号为：

$$M\_P = \min\{p_1, \cdots, p_i, \cdots, p_s\} \qquad (3.14)$$

这种评价方法非常粗略。

2）相关图像的平均排序

Gargi 和 Kasturi 用结果图像中相关图像的平均排序对系统性能进行评价，它可以较好地指示出系统的性能,即：

$$A\_P = \sum_{i=1}^{s} p_i \qquad (3.15)$$

这种方法的缺点在于,如果有多个相关图像,而检索结果中相关图像只有一个,其位置很靠前,那么平均排序的值也可能较小。

3）检索精度和检索回召率

Iqbal 和 Aggarwa 使用了检索精度和检索回召率来评价检索系统的性能。检索精度和检索回召率都是信息检索中标准的性能评价方法,能够很好地说明系统的性能。检索精度定义为检索返回的相关图像数与检索返回的所有图像数的比率,即：

$$P_n = \frac{n_s}{n_t} \qquad (3.16)$$

检索回召率定义为检索返回的相关图像数与图像库中所有相关图像数的比率,即：

$$R_n = \frac{n_s}{n_{ts}} \qquad (3.17)$$

如果单独使用检索精度和检索回召率其中的一个,那么所包含的信息都是不够的。给出的结果图像数越多,则系统的回召率越高,而系统的检索精度则呈下降趋势。类似地,也可以通过只给出少量的结果图像来获得较高的精度。因此,检索精度和检索回召率需要同时使用,在给出检索精度时需要指出相应的检索回召率;在单独使用检索精度或检索回召率时需要指出结果图像的个数。

4）检索效率

当结果图像数 n_t 固定时,使用检索精度和检索回召率进行系统评价会出现如下问题:如果结果图像数 n_t 小于所有的相似图像数 n_{ts},那么任何检索系统的最高精度均达不到 100%;另一方面,如果结果图像数 n_t 小于所有的相似图像数

n_{ts},那么任何检索系统的最高回召率也达不到 100%。为了解决这个问题，Mehtre 等人定义了检索效率 η：如果结果图像数 n_t 小于或等于所有的相似图像数 n_{ts},则检索效率等同于精度，否则等同于回召率，即:

$$\eta = \begin{cases} \dfrac{n_s}{n_t} & (n_{ts} > n_t) \\[3mm] \dfrac{n_s}{n_{ts}} & (n_{ts} \leqslant n_t) \end{cases} \tag{3.18}$$

5)BEP—Bull's eye 性能

BEP 定义为前 $2n_{ts}$ 幅图像中相关图像所占的比例，其中 n_{ts} 为数据库中与查询图像相似的相关图像个数。

6)PVR 指数

将检索精度 P_n 作为 y 轴，检索回召率 R_n 作为 x 轴，可以得到精度—回召率曲线 $f(x,y)$,称为 PVR 曲线，如图 3.7(a)所示。曲线与 x 轴、y 轴围成的面积为:

$$S(f) = \int_0^1 f(x,y)\,\mathrm{d}x \tag{3.19}$$

取 $S(f)$ 作为图像检索性能评价准则，称为 PVR 指数，记为 E,如图 3.7(b)所示。由 $P_n, R_n \in [0,1]$,可得 $E \in [0,1]$。E 越大，图像检索性能越好，反之亦然。当 $E=1$ 时图像检索性能达到最佳，PVR 曲线为 $f(x,y)=1$,如图 3.7(c)所示。

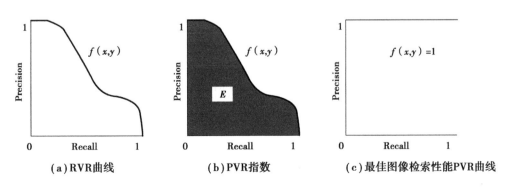

图 3.7　精度—回召率曲线

3.3.3 图表表示

1）精度—回召率曲线

精度—回召率曲线（PR 图）是信息检索中标准的评价方法，现在已经越来越多地被 CBIR 系统所采用。PR 图包含很多信息，而且由于它长期被采用，研究人员可以很容易就明白它的意思。用局部 PR 图来评价也很普遍，它可以更详细地显示某个区域的情况，但是也可能引起误解（因为性能不好的区域会被省略）。因此，局部 PR 图应该和完整的 PR 图同时使用。

2）精度—结果图像数曲线和回召率—结果图像数曲线

精度—结果图像数曲线和回召率—结果图像数曲线单独使用时，都只包含了精度—回召率曲线的部分信息。如果两者结合使用，则效果会更好。

3.4 实验对比结果

为了验证基于距离分布信息熵的检索方法对于平移、尺度和旋转变化的不变性，我们从商标图像库的 1 000 幅图像中随机抽取多幅具有不同特点的商标图像作为目标图像进行图像检索实验，并给出其中 1 幅图像（图 3.8）的检索结果。对每幅测试图像进行多比例缩放和多角度旋转，缩放比例分别为 5%、10%、20%、50% 和 80%，旋转角度分别为 5°、10°、15°、25°、35°、45°、60°、75°、90°、180°。这样每幅目标图像便产生了 10 幅缩放图像和 10 幅旋转图像，共 20 幅。这里没有对测试图像进行平移变化，因为不管图像做任何方向的平移变化，所得图像的距离分布信息熵与原图像相同，两者之间的距离为零。本书所提出的方法显然具有平移不变性。在每次检索时，将目标图像及其相应的缩放和旋转图像加进检索图像库，作为相关图像参与检索，即实际检索图像库的规模为 1 021 幅，其中有 21 幅相关图像。

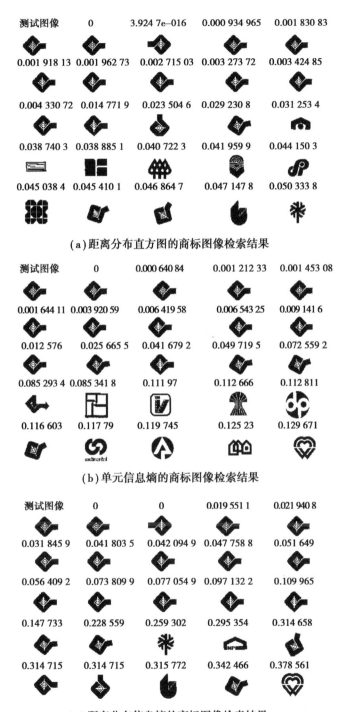

测试图像　　0　　　3.924 7e-016　　0.000 934 965　　0.001 830 83

0.001 918 13　0.001 962 73　0.002 715 03　0.003 273 72　0.003 424 85

0.004 330 72　0.014 771 9　0.023 504 6　0.029 230 8　0.031 253 4

0.038 740 3　0.038 885 1　0.040 722 3　0.041 959 9　0.044 150 3

0.045 038 4　0.045 410 1　0.046 864 7　0.047 147 8　0.050 333 8

（a）距离分布直方图的商标图像检索结果

测试图像　　0　　　0.000 640 84　　0.001 212 33　　0.001 453 08

0.001 644 11　0.003 920 59　0.006 419 58　0.006 543 25　0.009 141 6

0.012 576　0.025 665 5　0.041 679 2　0.049 719 5　0.072 559 2

0.085 293 4　0.085 341 8　0.111 97　0.112 666　0.112 811

0.116 603　0.117 79　0.119 745　0.125 23　0.129 671

（b）单元信息熵的商标图像检索结果

测试图像　　0　　　0　　　0.019 551 1　　0.021 940 8

0.031 845 9　0.041 803 5　0.042 094 9　0.047 758 8　0.051 649

0.056 409 2　0.073 809 9　0.077 054 9　0.097 132 2　0.109 965

0.147 733　0.228 559　0.259 302　0.295 354　0.314 658

0.314 715　0.314 715　0.315 772　0.342 466　0.378 561

（c）距离分布信息熵的商标图像检索结果

图 3.8　三种图像检索方法实验结果对比

图 3.8 给出了距离分布直方图、单元信息熵和距离分布信息熵三种图像检索方法的实验结果,图中左上角的图像为测试图像,检索结果按照相似度递增的顺序从左向右、从上向下返回 24 幅图像。如图 3.8 所示:(a) 为距离分布直方图的商标图像检索方法,由于仅仅统计各个目标子区域的像素的数目,而没有考虑目标子区域中的像素分布情况,导致形状完全不同的图像也在检索结果之中;(b) 为单元信息熵的商标图像检索方法,将图像分成多个矩形单元,然后提取各个单元图像的信息熵,实验结果表明,该方法无法有效检索旋转图像;(c) 为距离分布信息熵的商标图像检索方法,对图像进行同心圆的区域划分,然后提取各个子区域的信息熵,这样既对图像的形状特征进行了有效的描述,又解决了旋转图像的检索问题。实验结果表明,本书提出的基于距离分布信息熵的商标图像检索方法效果要明显好于基于距离分布直方图和单元信息熵的商标图像检索方法。

从运算复杂性上分析,由于基于距离分布信息熵的商标图像检索方法区域划分采用的是等面积划分的方式,所提取的各个子区域面积皆相等,这样在计算各个子区域的信息熵时只需统计各个子区域的目标像素点的数目,这样一来便有效地减少了运算量,算法的运算复杂性与基于距离分布直方图的方法及单元信息熵的方法相比具有运算复杂性降低的特点。

3.5　本章小结

二值图像中,白色像素点(背景点)和黑色像素点(目标点)的交错分布构成了各种各样的目标形状。在对二值图像形状的描述中,目标像素点的区域分布是很重要的信息。利用像素区域分布信息可以从商标图像库中检索出与目标图像相似的图像来。如何对图像进行合理的区域划分,使得抽取得到的特征既能够反映图像的形状特征,又能够对图像的刚性变化不敏感,便成为一个值得研究的问题。

本章提出了基于距离分布信息熵的商标图像检索方法。首先,提取图像的目标区域,针对目标区域的图像划分不受图像平移变化和尺度变化的影响,本章采用的是一种基于目标像素外接圆的目标区域提取方法。然后,对图像的目标区域(即外接圆)进行区域划分,采用同心圆的划分方法,得到一系列子图像,统计各个子图像的信息熵,并产生距离分布信息熵。最后,对距离分布信息熵进行归一化,并将归一化后的距离分布信息熵用于商标图像检索。从距离分布信息熵的产生过程可以看出,距离分布信息熵具有良好的平移、尺度和旋转不变性,可以抓住总体的形状信息。用距离分布信息熵作为形状特征进行二值商标图像检索实验,其中图像的圆形划分采用等面积区间划分方法。实验将距离分布直方图、单元信息熵和距离分布信息熵三种图像检索方法进行比较,实验表明基于距离分布信息熵的商标图像检索方法具有良好的平移、尺度和旋转不变性,对于几何变形图像具有一定的检索能力,与以上两种方法相比,其检索结果更加符合人的视觉感受。

第4章 基于归一化单元转动惯量 特征商标图像检索

目前,对于商标图像的检索,国内外学者已经进行了深入的研究。就形状特征提取方法而言,主要分为基于边界的特征提取方法和基于区域的提取方法,前者只使用形状外边界,而后者则使用了整个形状的区域信息。Cortelazzo 等人用链码串来描述商标的形状特征,首先对商标图像提取边界,并用边界树表示出图像的结构信息,只有结构相同的图像才进行下一步的相似性比较,然后对图像内的每一个边界用 8-链码表示,再用字符串匹配方法来度量对应链码串的相似比较,但这种方法对结构的同构性要求过于严格;Jain 等人利用低阶的中心几何矩组成的 Hu 不变矩组对于物体平移、缩放和旋转时保持不变的性质,将 Hu 不变矩组用于商标图像的检索,取得了不错的检索结果。Hu 不变矩的问题是少量的低阶矩不足以充分地描述形状特征,而高阶又比较难以取得;Mehterbm 等人对链码、傅里叶描述子、Hu 不变矩、Zernike 矩和伪 Zernike 矩等多个图像特征用于商标图像检索并进行了比较。

虽然目前存在大量的图像特征提取方法,并且取得了不错的效果,但是图像检索仍然存在着不足:大多数的图像特征提取方法还无法有效解决旋转、平移、尺度以及几何形变图像的检索和识别问题;虽然有的特征提取方法取得了良好的实验效果,但是计算量太大,这样必然耗费大量的时间,从而难以满足实时性的要求。基于以上问题,本章提出了一种基于归一化单元转动惯量特征的商标图像检索方法。该方法具有良好的旋转、平移、尺度不变性,且提取方法简单,易于实现,实验结果能够很好地满足人眼的视觉感受。

4.1　概　述

4.1.1　图像归一化转动惯量

对一幅大小为 $M \times N$ 的二值商标图像 $f(x,y)$ 来说,它仅由 0 和 1 两种像素组成,其中 0 代表背景像素,1 代表目标像素。背景像素和目标像素的交错分布构成了不同的形状。

图像的归一化转动惯量特性,对图像的平移、旋转、缩放以及形变具有较好的不变特性。商标图像 $f(x,y)$ 的质量 m,即商标图像中目标像素的面积表示为:

$$m = \sum_{x=1}^{M} \sum_{y=1}^{N} f(x,y) \tag{4.1}$$

设图像的重心为 $(\bar{x}, \bar{y})$,则由不变矩组可得:

$$\bar{x} = \frac{M_{10}}{M_{00}} \qquad \bar{y} = \frac{M_{01}}{M_{00}} \tag{4.2}$$

$$M_{jk} = \int_{-\infty}^{\infty} \int_{-\infty}^{\infty} x^j y^k f(x,y) \, \mathrm{d}x\mathrm{d}y$$

M_{jk} 为 $f(x,y)$ 的 $(j+k)$ 阶矩。由于区域的重心是一种全局描述符,它的坐标是根据所有属于区域内的点计算出来的,图像中任意像素点到重心的距离对目标区域的平移变化毫不敏感。将商标图像绕图像中任一点 (x_0, y_0) 的转动惯量记为 $J(x_0, y_0)$:

$$J(x_0, y_0) = \sum_{x=0}^{M} \sum_{y=0}^{N} \left[(x - x_0)^2 + (y - y_0)^2 \right] \times f(x,y) \tag{4.3}$$

根据图像重心及转动惯量的定义,商标图像绕重心的归一化转动惯量 NMI 表示为:

$$NMI = \frac{\sqrt{J((\bar{x}, \bar{y}))}}{m} = \frac{\sqrt{\sum_{x=0}^{M} \sum_{y=0}^{N} [(x-\bar{x})^2 + (y-\bar{y})^2] \times f(x,y)}}{\sum_{x=1}^{M} \sum_{y=1}^{N} f(x,y)} \tag{4.4}$$

4.1.2 几何不变性分析

（1）平移不变性。对于图像平移，即 $x' = x + \Delta x, y' = y + \Delta y$，其中 Δx、Δy 分别为横向与纵向的平移量。平移后图像的重心 $\bar{x}' = \bar{x} + \Delta x, \bar{y}' = \bar{y} + \Delta y$。因而，平移后的二值图像目标区域各点到其图像重心的距离大小没有改变，目标区域的大小也没改变，因而归一化转动惯量特征也是不变的。

（2）旋转不变性。对于图像旋转，图像的旋转畸变对其相应特征图像的影响可认为是先对区域进行平移，再绕目标区域的重心进行旋转。这种情况下，区域几乎没有变化，其内部各点到重心的距离均未改变，故归一化转动惯量特征不变。

（3）缩放不变性。设缩放的比例系数为 k，则 $x' = kx, y' = ky$。比例变换后的图像重心 $\bar{x}' = k\bar{x}, \bar{y}' = k\bar{y}$。则比例变换后的距离 $r' = kr$。对于同样的缩放倍数 k，图像面积变化 k^2 倍，而边长变化 k 倍。因此，为了保持归一化转动惯量特征的不变性，对 NMI 表达式进行如下修正：

$$NMI = \frac{\sqrt{\sum_{x=1}^{M} \sum_{y=1}^{N} \sqrt{(x-\bar{x})^2 + (y-\bar{y})^2} f(x,y)}}{\sum_{x=1}^{M} \sum_{y=1}^{N} f(x,y)} \tag{4.5}$$

4.2　基于归一化单元转动惯量特征的商标图像检索

4.2.1　图像归一化单元转动惯量特征

图像的形状是通过像素点分布在空间不同的区域而表现出来。为此,引入归一化单元转动惯量特征的概念,即将图像划分成若干个单元子图像,然后分别提取每一个单元子图像的归一化转动惯量特征,使得图像用一个归一化转动惯量特征矢量来描述,图像间的差异就可以用特征矢量间的距离来度量。将大小为 $M×N$ 的图像划分为 $P×Q$ 个子图像,每个子图像称为一个单元,每个单元实际上是原图像在空间的一个相应的区域。

第 i、j 个单元记为: $\{f(x_i,y_j)\,|\,i=1,2,\cdots,P;j=1,2,\cdots,Q\}$;

$$x_i = (i - 1) \times \left[\frac{M}{P}\right] + 1,\cdots,\left[\frac{M}{P}\right] \times i$$

$$y_j = (j - 1) \times \left[\frac{N}{Q}\right] + 1,\cdots,\left[\frac{N}{Q}\right] \times j \tag{4.6}$$

其中 [ ] 表示取整。计算每一个单元子图像的重心 $(\bar{x}_i,\bar{y}_j)$,然后计算每一个单元子图像的归一化转动惯量特征,对每一单元计算其归一化转动惯量特征后,图像可用一个 $P×Q$ 维的归一化转动惯量特征矢量 N 表示:

$$N = \left\{ \begin{matrix} N_{11},N_{12},\cdots,N_{1Q},N_{21},N_{22},\cdots \\ N_{2Q},\cdots,N_{P1},N_{P2},\cdots,N_{PQ} \end{matrix} \right\} \tag{4.7}$$

用归一化单元转动惯量特征矢量来描述图像后,图像间的差异可用矢量间的距离来度量。随着特征维数的增多,特征矢量间的距离增大,图像间的差异更明显,有利于检索出更为相似的图像。

4.2.2 相似性度量

采用欧氏距离计算归一化单元转动惯量特征之间的距离,以反映不同图像的形状差异。两幅图像 $f^{(o)}$ 和 $f^{(k)}$ 对应的特征矢量之间的欧氏距离表示为:

$$E_{NUMI}(f^{(o)}, f^{(k)}) = \sqrt{\sum_{i=1}^{P \times Q} (N_i^{(o)} - N_i^{(k)})^2} \qquad (4.8)$$

4.3 图像的匹配技术

图像相似性:图像的相似性衡量是一个非常困难的问题。严格地说,图像的相似性完全由人们的感知特性决定,但事实上人的感知系统是复杂且难以描述的。因此,目前衡量图像相似性的主要方法是通过图像特征之间的相似性来实现的。

常用度量方法:在已知图像特征的情况下,计算图像之间的相似性最直观的方法就是通过计算特征向量之间的距离。向量之间的距离越小,证明图像的相似性越好,反之,相似性越差。向量之间距离的计算公式有很多种。图像的相似性计算方法是同所选取的特征息息相关的,不同的特征通常选择不同的计算方法。下面介绍几种计算向量之间距离的常用方法。

令 $\boldsymbol{x}, \boldsymbol{y}$ 为两个向量,x_i, y_i 分别代表向量的第 $\boldsymbol{x}, \boldsymbol{y}$ 的第 i 分量,则向量距离的不同表示方法为:

(1)Manhattan 距离:

$$D(x,y) = \sum_{i=1}^{n} |x_i - y_i| \qquad (4.9)$$

(2)Euclidean 距离:

$$D(x,y) = \sqrt{\sum_{i=1}^{n} (x_i - y_i)^2} \qquad (4.10)$$

（3）Minkkowsky 距离：

$$D(x,y) = \sqrt[r]{\sum_{i=1}^{n}(x_i - y_i)^r} \qquad (4.11)$$

（4）加权 Euclidean 距离：

$$D(x,y) = \sqrt{\sum_{i=1}^{n} w_i(x_i - y_i)} \qquad (4.12)$$

（5）直方图相交法：

$$D(x,y) = \frac{\sum_{i=0}^{n} \min(x_i, y_i)}{\min\left(\sum_{i=0}^{n} x_i, \sum_{i=0}^{n} y_i\right)} \qquad (4.13)$$

在这些计算方法中，曼哈顿距离和欧氏距离实际上是 Minkkowsky 距离在 $r=1$ 和 $r=2$ 时的特殊情况。加权欧氏距离考虑的是不同的特征具有不同的重要程度，因此在计算时给不同的特征赋以不同的权值来体现这种差别。直方图相交距离法只适用于计算直方图之间的距离计算。

4.4　实验及其结果

为了验证本书方法的有效性，我们从商标图像库的 2 000 幅图像中随机抽取多幅具有不同特点的商标图像作为目标图像进行图像检索实验。实验分为两个部分，首先是考察归一化单元转动惯量特征的检索方法对于平移、尺度、旋转变换和变形图像的不变性，这是评价一个检索方法性能好坏的重要尺度之一，是一个客观的评价标准。其次是考察该方法得到的检索结果是否符合人眼的视觉感受，这是一个主观的评价标准，需要人工参与来评价方法的性能。

4.4.1　不变性实验

为了验证基于归一化单元转动惯量特征的检索方法对于图像旋转变化、尺度变化以及几何变形的不变性,从图像库中挑选多幅属于不同类型的商标图像作为查询图像(图 4.1),并对查询图像做多角度的旋转、多比例的缩放以及加浓冲淡多种变形。商标图像的大小为 256×256,实验中 $P=Q=5$。

图 4.1　作为查询图像的 5 幅商标图像(从左至右编号为 1~5)

在实验中,查询图像的旋转角度分别为 5°、10°、15°、30° 和 60°,缩放比例分别为 5%,10%,15%,30% 和 60%,所作的变形分别为腐蚀、膨胀。本书分别用 5 幅查询图像进行检索,相应的变化和变形图像作为相似图像参与检索,得到的检索结果用 PVR 指数进行评价,如表 4.1 所示为分别用以上 5 幅查询图像进行检索的结果。从表 4.1 可知,基于归一化单元转动惯量特征的图像检索方法对于图像的平移、旋转、尺度和几何变形都具有良好的不变性。

表 4.1　基于归一化单元转动惯量特征的商标图像检索结果

编号	1	2	3	4	5	平均/%
平移	100	100	100	100	100	100
旋转	100	98.32	96.88	100	100	99.04
缩放	100	100	100	100	100	100
几何变形	100	100	100	100	100	100

4.4.2　视觉一致性实验

视觉一致性是指检索出的图像是否符合人的视觉感受,即检索结果在人看来是否与目标图像相似,一个好的图像检索方法应该能够比较好地反映人的视觉感受,并且尽量多地找到图像库中与目标图像相似的图像。实验中将数据库中的 2 000 幅商标图像分别作为待检索图像,将与输入图像的距离最近的 20 幅图像按照距离从小到大的顺序作为检索结果输出,其中前十幅图像的检索结果如图 4.2 所示。从图 4.2 可知,本方法的检索结果能够有效地满足人眼的视觉感受。

待检图像　　　　　　　　　　检索结果中的前10幅图像

图 4.2 部分图像检索的结果

4.5 本章小结

本章提出的基于归一化单元转动惯量特征的图像检索方法(NUMI)能够有效地检索二值商标图像。并且实验表明该方法在符合人眼的视觉感受和对于旋转、平移、尺度以及几何变形的不变性方面都取得了令人满意的结果。归一化单元转动惯量特征对图像特征进行了有效的描述,并且具有良好的不变性,提取方法简单且易于实现,将其用于商标图像检索是很好的选择。然而,由于不同的用户对于图像的相似性可能有不同的理解, 而且底层特征和高层语义之间存在较大的间隔,因此抽取合适的图像特征仍是图像检索中值得重视的课题。

第5章　基于区域方向信息熵的商标图像检索

目前关于基于内容的商标图像检索,国内外的学者已经进行了大量的研究。但是现有的方法往往存在这样一个问题,即强调全局特征,忽视局部特征,而局部特征在表达图像内容方面与全局特征是相辅相成的。信息熵是描述图像形状特征的重要方法,本章从信息熵的角度出发,提出一种基于区域信息熵的商标图像检索方法。首先确定商标图像的主方向,然后将图像从主方向沿圆周方向等间隔地划分为若干个子区域,统计每一个子区域中的信息熵;最后使用欧氏距离度量熵矢量之间的相似性。用 2 000 多幅图像构成的图像库进行实验,结果表明,该方法输出的相似图像符合人眼的视觉感受,并且具有很好的平移不变性、缩放不变性、旋转不变性、抗噪声性和抗浓淡性。

5.1　图像的主方向

当一个目标已从一幅图像中抽取出来后,对它的分析一般都基于水平和垂直方向,但是对于具有随机走向的物体来说,水平和垂直方向并不一定是最感兴趣的方向。在这种情况下,有必要确定物体的主轴方向,对于物体而言,主轴方向是唯一的,无论物体做任何角度的旋转,它的主轴方向都是确定不变的。

图像的主轴方向可以用矩计算,我们可以利用区域的中心矩计算得到:

$$\beta = \arctan\left(\frac{\mu_{02} - \mu_{20} + \sqrt{(\mu_{02} - \mu_{20})^2 + 4\mu_{11}^2}}{2\mu_{11}}\right) \tag{5.1}$$

$$\mu_{pq} = \sum_x \sum_y (x - \overline{x})^p (y - \overline{y})^q F(x,y)$$

为了使图像具有旋转不变性,可以将目标旋转到相同的方向,一种较为实用的方法是将目标旋转-β 角度,然后根据形状的三阶中心矩来决定,区域的主方向定义为:

$$\alpha = \begin{cases} \beta, & \mu_{30} > 0 \\ \beta + \pi, & \mu_{30} \leqslant 0 \end{cases} \tag{5.2}$$

这种方法的原理是比较形状 $x<0$ 与 $x>0$ 两部分的能量,选取能量大的部分所对应的方向作为形状的主方向。图 5.1 给出了一幅二值商标图像主方向的示意图。

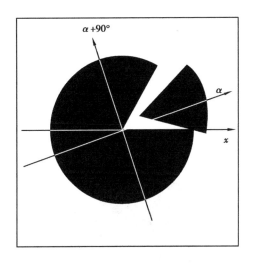

图 5.1　二值商标图像的主方向 α

5.2　区域信息熵

5.2.1　目标区域的提取

由于商标图像属于人工设计图像,其图像中的目标区域(即黑色像素区域)往往只占了图像的中间部分,而对图像形状的分析实际上就是对目标区域的分析。得到区域的主方向后,以图像的重心为原点,α 方向为 x 轴,$\alpha+90°$方向为 y 轴建立新的坐标系,并在新的坐标系下提取下列 4 个变量:

$$x_{\min} = \min\{x \mid F(x,y) = 1\} \quad x_{\max} = \max\{x \mid F(x,y) = 1\}$$
$$y_{\min} = \min\{y \mid F(x,y) = 1\} \quad y_{\max} = \max\{y \mid F(x,y) = 1\}$$

根据上述 4 个变量可以得到黑色区域的最小外接矩形 $R = (x_{\min}, y_{\min}, x_{\max}, y_{\max})$,这个最小外接矩形即为图像的目标区域。不管图像的黑色区域在图像中处于什么位置,其目标区域提取出来后,基于目标区域的形状分析受到目标的平移变化和尺度变化的影响很小。

对图像进行特征提取前,首先需要选取图像的主方向,将图像主方向旋转至水平向右的位置,然后再提取目标区域。显然,经过这两步预处理工作后,后续的图像的形状分析对于平移、旋转均能具有较好的不变性。图 5.2 给出了一个将图像主方向旋转到水平向右并提取目标区域的示例,其中该图像的主方向水平向右(即 x 轴的正方向),后续的图像形状分析均基于将图像主方向旋转到水平向右以后提取的目标区域。

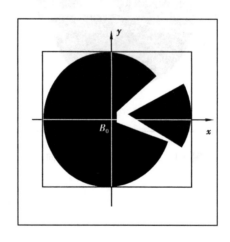

图 5.2   商标图像的目标区域

5.2.2   区域划分

定义区域信号为目标区域的一维泛函表示,用来描述二维目标的整体形状,这样就可以把二维的形状描述问题转化为对一维波形进行分析的问题。

首先选择基准点,为了使区域信号在描述图像形状特征时不受目标平移的

影响,选择二值图像 $F(x,y)$ 的重心 $(\bar{x},\bar{y})$ 作为基准点,其中:

$$
\begin{cases}
\bar{x} = \dfrac{1}{\sum F(x,y)} \displaystyle\sum_{F(x,y)=1} x \\[4mm]
\bar{y} = \dfrac{1}{\sum F(x,y)} \displaystyle\sum_{F(x,y)=1} y
\end{cases}
\tag{5.3}
$$

然后以重心点为坐标原点,水平方向为坐标轴,将图像映射到极坐标系中,得到

$$
T(r,\theta) = F(r\cos\theta, r\sin\theta)
\tag{5.4}
$$

$$
r = \sqrt{(y-\bar{y})^2 + (x-\bar{x})^2} \quad \theta = \arctan^{-1}\left(\frac{y-\bar{y}}{x-\bar{x}}\right), 0 \leqslant r \leqslant R
$$

R 为图像中的目标像素到重心点的最大距离;以 $(\bar{x},\bar{y})$ 为中心,水平方向为初始方向,将图像沿圆周方向等角度间隔划分为 N 个区域,则二值商标图像被划分为 N 个子区域。

5.2.3　区域信息熵

在信息论中用专用名词"信息"来表示先验不肯定性。也就是说,信息蕴含于不肯定性之中,而不肯定性在概率论中是用随机事件或随机变量来描述的。就随机场比较,基本事件个数相同者,以等概率分布场平均信息量最大。关于信息熵的相关知识详见 3.2.2 节。

由信息熵的性质可知二值商标图像所包含的信息熵为:

$$
E(p_0, p_1) = -p_0 \log_2 p_0 - p_1 \log_2 p_1
\tag{5.5}
$$

其中 p_0 和 p_1 分别表示灰度值为 0 和 1 的像素在图像中出现的概率:

$$
p_1 = \frac{\displaystyle\sum_M \sum_N f(x,y)}{M \times N}, \quad p_0 = 1 - p_1
$$

统计以上 N 个区域中的信息熵,这样每一幅二值商标图像就可以由 N 个信息熵值组成的熵矢量来唯一表示,对图像的相似性检索问题就转化成对信息熵的相似性度量问题。

5.2.4　相似性度量

用区域信息熵可以计算二值商标图像之间的相似程度。由于信息熵各个分量互相正交,因此可以采用欧氏距离计算区域信息熵之间的距离,以反映不同图像的形状差异。两幅商标图像对应的区域信息熵之间的欧氏距离为:

$$D_E(f^{(o)}, f^{(k)}) = \sqrt{\sum_{i=1}^{N} (E_i^{(o)} - E_i^{(k)})^2} \tag{5.5}$$

5.3　实验及其结果

5.3.1　性能指标

对于一个商标检索系统,可以根据以下主观和客观准则来衡量其性能:

(1)不变性:即将放大后的图像、旋转后的图像、受到噪声污染后的图像及膨胀和腐蚀后的图像分别作为待检索图像输入,系统能否从数据库中将图像原型检索出来。

(2)视觉一致性:即系统输出的满足相似性度量要求的图像,人观看起来是否觉得确实与输入图像形状相似。

5.3.2　几何变形实验

为了验证基于区域信息熵的检索方法的平移不变性、缩放不变性、旋转不变性、抗噪声性和抗浓淡性,我们进行了下述 7 种情况的实验。

首先从商标图像库中随机抽取 2 000 幅图像进行以下检索实验,其中图像的大小为 256×256;$N = 16$。

(1)正常:将图像库中的每幅原始图像都作为查询图像;

（2）平移：将每幅图像中的目标区域进行随机方向的平移变化，然后作为查询图像；

（3）缩放：将每幅图像进行 50%的放大或缩小，然后作为查询图像；

（4）旋转：将每幅图像进行随机角度的旋转变化（5°或-5°），然后作为查询图像；

（5）噪声：将每幅图像施加椒盐噪声，然后作为查询图像；

（6）加浓冲淡：将图像库中的每幅图像分别膨胀和腐蚀，然后作为查询图像；

图 5.3 显示了数据库中的原始图像及其经过放大、旋转、添加噪声、加浓和冲淡后的图像。为显示方便，图像（a）—（f）都按一定比例缩小。

（a）原始图像　（b）施加椒盐噪声　（c）旋转后的　（d）加浓后的　（e）冲淡后的　（f）放大后的
　　　　　　　　　后的图像　　　　　图像　　　　　图像　　　　　图像　　　　　图像

图 5.3　不变性实验的待检索图像示例

表 5.1 给出了使用区域信息熵方法进行检索实验得到的统计结果。从表 5.1 可以看出，基于区域信息熵的商标图像检索方法对于平移、缩放、旋转、添加噪声以及加浓冲淡都具有较好的不变性。

表 5.1　基于区域信息熵的二值商标图像检索结果　　　　　　　（%）

查询情况	$n=1$	$n\leqslant3$	$n\leqslant5$	$n\leqslant20$	未检索到
正常	100.0	100.0	100.0	100.0	0
平移	100.0	100.0	100.0	100.0	0
缩放	100.0	100.0	100.0	100.0	0
旋转	97.65	98.90	99.85	100.0	0
噪声	100.0	100.0	100.0	100.0	0
加浓	98.79	99.25	100.0	100.0	0
冲淡	97.40	99.85	100.0	100.0	0

注：n 表示图像原型在检索结果中所处的位置。

5.3.3　视觉一致性实验

为了衡量本商标检索方法的视觉一致性,我们将图像库中的 2 000 幅商标图像分别作为待检索图像,将与输入图像的特征矢量距离最近的 20 幅图像作为检索结果输出。部分图像的检索结果如图 5.4 所示。

图 5.4　图像检索的部分结果

5.4　本章小结

区域信息熵方法能够有效地刻画二值图像的形状特征,因而在商标图像检索中取得了符合人眼的视觉感受的检索结果。本章从信息量的角度出发,提出了一种新的基于区域信息熵的商标图像检索方法,首先确定商标图像的主方向,然后将图像从主方向沿圆周方向等间隔地划分为若干个子区域,统计每一个子区域中的信息熵,最后使用欧氏距离度量熵矢量之间的相似性。该方法在符合人眼的视觉感受和对于平移、缩放、旋转以及噪声的不变性方面都取得了令人满意的结果。由于图像的形状描述是一个非常复杂的问题,至今还没有找到形状的确切数学定义使之能与人的感觉相一致,而在本方法中所提取的区域特征直接影响图像的检索性能,因而抽取好的图像特征仍是图像检索中值得重视的课题。

第6章 展 望

CBIR 技术方兴未艾,是计算机视觉技术向人类感知特性逐步靠近过程中的一项关键技术,已经有了 30 多年的发展历史。目前的研究已经取得了很大的进展,对它的应用也全面展开,相信随着社会的进步和技术的发展,其应用领域会不断扩展。

6.1 研究展望

总的来说,现有的 CBIR 技术在专门领域中的颜色或形状匹配的应用中已发挥着重要的作用,但在系统能够完成语义级的识别和索引之前还需要关键性的技术突破。因此,CBIR 目前还不能取代手工索引的文字级的图像查询,在该领域还有很多问题值得今后进一步研究,主要包括以下几个方面。

6.1.1 网络检索

随着网络的飞速发展,以及多媒体技术的广泛应用,如因特网图像库、电影库、视频库、数字图书馆和艺术馆等的出现,迫切需要基于网络的图像搜索引擎。虽然现在这方面已经取得了一些进展,但是与人们可以接受的结果相比,还存在着很大的差距。其中的困难是必须解决特征维数的压缩问题以及图像在网络中的传输速度问题,这样才能获得足够的网络检索速度。

6.1.2　基于语义的检索（智能检索）

Eakins 提出图像查询可以分为三个级别：第一级为基于原始特征的查询，如颜色、纹理、形状以及空间结构；第二级为基于导出特征或逻辑特征的检索，其中加入了对图像中目标的识别和描述；第三级为基于抽象语义的检索，包含对目标或场景意义的复杂推理。目前绝大多数检索系统，无论是商业的还是实验的，都停留在第一级的检索上，少量的实验系统正在进行第二级的研究。

基于语义特征的图像检索目前比较活跃的领域有：

* 在所有的图像集中进行自动场景分类，使用基于统计的技术。
* 自动目标分类和识别，使用以下两种方法，一种为基于知识的技术，另一种为类似于场景分类中的统计技术。
* 对由用户制订的标识进行学习和繁殖。

6.1.3　文字特征和视觉特征的结合

由于视觉特征难以表达图像的语义特征，所以研究者们尝试将文字信息和视觉特征结合起来进行基于内容的图像检索。文字特征来源于 HTML 文档中包含的路径名、标题等文字，而视觉特征则使用图像的颜色和方向直方图。实验结果表明，这种方法要优于单独的视觉特征检索。

6.1.4　语义和情感层次的检索

早期基于内容的图像检索系统强调特征提取和检索过程的完全自动化，试图找出能够解决一切检索问题的最佳视觉特征，但是计算机视觉和图像理解技术的发展程度以及图像内容的多样化使得这种方法没有取得理想的效果。所以，我们需要人和计算机协作，越来越多的研究现在开始重视"交互系统"，关注人在其中的作用。要使计算机检索图像的能力接近人的理解水平，就需要实现语义层次上的图像检索，需要有效地解决"语义鸿沟"问题，将图像的低层特征和高层语义相互映射起来。其主要的工作和面临的困难主要来自两个方面：一是必须提供图像语义的有效描述方式，二是要有获取图像语义的方法。目前的主要问题是图像语义信息的获取途径。

"语义鸿沟"问题通常的表现是系统返回的图像和用户所提交的示例图像在视觉特征上相似，而在语义信息上却完全不相符。造成这一现象的原因其实不难解释。人在理解图像时下意识地用到了自身积累的知识和经验，可以轻而易举地判断其高层含义，观察图像的过程本身也是用知识来推理图像语义的过程；而同样的工作交给计算机去做就没有那么简单了，计算机只会计算物理特征信息在数值层次上的相似性，把高于相似性阈值的结果全部返回给用户，而并不知道外观特征相似的图像不一定也是语义相似的图像。

"语义鸿沟"的存在是当前 CBIR 系统还没有被用户广泛接受的主要原因，如何连接"语义鸿沟"是目前亟待解决的难题。

6.2　本章小结

近年来，基于内容的多媒体检索技术成为国内外研究的热点，也成为未来信息高速公路、数字图书馆等重大项目中的关键技术。基于内容的图像检索的主要思想是根据基于图像视觉内容的特征如颜色、纹理、轮廓、形状和分布等信息，建立图像的特征矢量作为索引进行相似性检索。商标是商品经济的产物，是随着商品经济的发展而发展的，在市场经济中起着重要的作用，而基于内容的图像检索技术在商标图像领域得到了广泛的应用。本书对基于内容的商标图像检索进行了研究，主要提出了三种新的商标图像检索算法。

本书提出了三种商标图像检索算法，分别为基于距离分布信息熵的商标图像检索方法、基于归一化单元转动惯量特征的商标图像检索方法和基于区域方向信息熵的商标图像检索方法。对比实验表明，基于距离分布信息熵的商标图像检索方法是有效的，优于距离分布直方图的检索方法和基于单元信息熵的检索方法，基于归一化单元转动惯量特征的检索方法和基于区域方向信息熵的检索方法检索结果符合人眼的视觉感受。受限于目前人工智能的发展水平和语义间隔的存在,现在还没有一个完美的特征能够使其检索结果符合所有人的主观感受和所有应用的实际需求,必须融合多个特征进行检索,并通过人机交互的方式使检索结果尽可能地满足人的主观需求。本书所提的三种检索算法,在基于不变性和几何变形的评价下,其检索性能存在一定的差别,但是在基于视觉一致性的评价下却很难分出优劣,而且其检索结果的风格也各不相同,所以在基于多特征融合的检索系统中作为提供给用户的一种有效选择是必不可少的。

参考文献

［1］石励,慕德俊,叶章文.基于投影特征的商标图像检索方法［J］.科学技术与工程,2008(2):537-538,574.

［2］卢章平,朱科钤.基于形状特征和用户反馈的商标图像检索技术［J］.农业机械学报,2007(5):150-152.

［3］郭丽,黄元元,杨静宇.用分块图像特征进行商标图像检索［J］.计算机辅助设计与图形学学报,2004(7):968-972.

［4］郭丽.基于内容的商标图像检索研究［D］.南京:南京理工大学,2003.

［5］Dengsheng Zhang,Guojun Lu. A comparative study of curvature scale space and Fourier descriptors for shape-based image retrieval［J］. Journal of Visual Communication and Image Representation,2003,14(1):

［6］黄元元.基于视觉特征的图像检索技术研究［D］.南京:南京理工大学,2003.

［7］黄元元,郭丽,杨静宇.利用形状与空间位置特征检索二值商标图象［J］.中国图象图形学报,2002,7(11):1187-1191.

［8］郭丽,孙兴华,黄元元,等.距离分布直方图及其在商标图案检索中的应用［J］.中国图象图形学报,2002,7(10):1027-1031.

［9］杨小冈,付光远,缪栋,等.基于图像 NMI 特征的目标识别新方法［J］.计算机工程,2002(6):149-151.

［10］孙兴华,郭丽,王正群,等.基于子图像多特征组合的商标图像检索［J］.模式识别与人工智能,2002,15(1):14-20.

［11］孙兴华,郭丽,郭跃飞,等.基于目标区域的彩色图像检索研究［J］.计算机研究与发展,2001(9):1112-1120.

［12］孙兴华.基于内容的图像检索研究［D］.南京:南京理工大学,2002.

［13］周丽华,周纪勤. 基于图像统计特性的商标图像检索［J］.云南大学学报(自然科学版),

2000(4):251-254.

[14] 周丽华,周纪勤,柏正尧. 基于图像信息熵的商标图像检索[J].计算机应用,2000(2):21-23.

[15] Stan Sclaroff, Marco La Cascia, Saratendu Sethi, et al. Unifying Textual and Visual Cues for Content-Based Image Retrieval on the World Wide Web[J]. Computer Vision and Image Understanding, 1999, 75(1-2).

[16] 庄越挺,潘云鹤,芮勇,等.基于内容的图像检索综述[J].模式识别与人工智能,1999,12(2):170-177.

[17] Anil K. Jain, Aditya Vailaya. SHAPE-BASED RETRIEVAL: A CASE STUDY WITH TRADEMARK IMAGE DATABASES[J]. Pattern Recognition, 1998, 31(9).

[18] Y.S. Kim,W.Y. Kim. Content-based trademark retrieval system using a visually salient feature[J]. Image and Vision Computing, 1998, 16(12).

[19] Alina N. Moga, Bogdan Cramariuc, Moncef Gabbouj. Parallel watershed transformation algorithms for image segmentation[J]. Parallel Computing, 1998, 24(14).

[20] Hsiao-Lin Peng, Shu-Yuan Chen. Trademark shape recognition using closed contours[J]. North-Holland, 1997, 18(8).

[21] Babu M. Mehtre, Mohan S. Kankanhalli,Wing Foon Lee. Shape measures for content based image retrieval: A comparison[J]. Information Processing and Management, 1997, 33(3).

[22] Anil K. Jain, Aditya Vailaya. Image retrieval using color and shape[J]. Pattern Recognition, 1996,29(8).

[23] STAR-A system for trademark archival and retrieval[J]. World Patent Information, 1996, 18(4).

[24] STAR-A multimedia database system for trademark registration[J]. World Patent Information, 1995, 17(2).

[25] Thomas Whalen, Eric S. Lee,Frank Safayeni. The retrieval of images from image databases:trademarks[J]. Behaviour & Information Technology, 1995, 14(1).

[26] Cortelazzo G., Mian G.A., Vezzi G., et al. Trademark shapes description by string-matching techniques[J]. Pergamon,1994,27(8).

[27] Abu-Mostafa Y S, Psaltis D. Recognitive aspects of moment invariants [J]. IEEE transactions on pattern analysis and machine intelligence, 1984, 6(6).

[28] Carlton W. Niblack, Ron Barber, Will Equitz, et al. QBIC project: querying images by

content, using color, texture, and shape[P]. Electronic Imaging, 1993.

[29] Ishwar K. Sethi, Ioana L. Coman, Brian Day, et al. Color-WISE: a system for image similarity retrieval using color[P]. Electronic Imaging, 1997.

[30] Markus A. Stricker, Markus Orengo. Similarity of color images [P]. Electronic Imaging, 1995.

[31] Markus A. Stricker, Alexander Dimai. Color indexing with weak spatial constraints[P]. Electronic Imaging, 1996.

[32] Gwenael Durand, Cedric Thienot, Pascal Faudemay. Extraction of composite visual objects from audiovisual materials[P]. Optics East, 1999.

[33] Carlton W. Niblack, Xiaoming Zhu, James L. Hafner, et al. Updates to the QBIC system [P]. Electronic Imaging, 1997.

[34] Yujin Zhang, Zhong W. Liu, Yun He. Comparison and improvement of color-based image retrieval techniques[P]. Electronic Imaging, 1997.

[35] Jonathan J. Ashley, Ron Barber, Myron D. Flickner, et al. Automatic and semiautomatic methods for image annotation and retrieval in query by image content (QBIC) [P]. Electronic Imaging, 1995.